浙商文化与新时代浙商精神概说

ZHESHANG WENHUA YU XINSHIDAI ZHESHANG JINGSHEN
GAISHUO

陈 君 著

浙江工商大学出版社
ZHEJIANG GONGSHANG UNIVERSITY PRESS
·杭州·

图书在版编目（CIP）数据

浙商文化与新时代浙商精神概说 / 陈君著 . —杭州：
浙江工商大学出版社，2021.10
ISBN 978-7-5178-4691-8

Ⅰ.①浙… Ⅱ.①陈… Ⅲ.①商业文化—概况—浙江
Ⅳ.① F729

中国版本图书馆 CIP 数据核字（2021）第 206861 号

浙商文化与新时代浙商精神概说
ZHESHANG WENHUA YU XINSHIDAI ZHESHANG JINGSHEN GAISHUO
陈　君 著

责任编辑	熊静文	
封面设计	沈　婷	
责任印制	包建辉	
出版发行	浙江工商大学出版社	
	（杭州市教工路 198 号　邮政编码 310012）	
	（E-mail：zjgsupress@163.com）	
	（网址：http：//www.zjgsupress.com）	
	电话：0571-88904980，88831806（传真）	
排　　版	杭州市拱墅区冰橘平面设计工作室	
印　　刷	浙江全能工艺美术印刷有限公司	
开　　本	710mm×1000mm　1/16	
印　　张	10.25	
字　　数	142 千	
版 印 次	2021 年 10 月第 1 版　2021 年 10 月第 1 次印刷	
书　　号	ISBN 978-7-5178-4691-8	
定　　价	42.00 元	

前　言

党的十九大报告指出："没有高度的文化自信，没有文化的繁荣兴盛，就没有中华民族伟大复兴。"习近平总书记在《坚定文化自信，建设社会主义文化强国》一文中提出："在几千年的历史流变中，中华民族从来不是一帆风顺的，遇到了无数艰难困苦，但我们都挺过来、走过来了，其中一个很重要的原因就是世世代代的中华儿女培育和发展了独具特色、博大精深的中华文化，为中华民族克服困难、生生不息提供了强大精神支撑。"①优秀传统文化是在中华民族长期发展过程中形成的，是中华民族的"根"和"魂"，能够体现民族精神的价值内涵，对中华文化的传承、创新和发展起到积极作用的文化。

浙江是中国民营经济的发源地，浙商文化中有着中国传统文化修身重礼的因素，有着浙江地域特色与时代气息。重商崇儒的价值观与个众自主的文化观激活了民间商业活动，孕育了浙商群体。浙商在不断前进的历史潮流中、在浙江独特的区域文化中吸纳融合优秀的文化元素，不断升华，凝练了浙商精神。浙商精神深深刻印在浙江人民的生命力、创造力和凝聚力中。

时代的进步推动中华文明创造性转化和创新性发展。浙江靠山临海，独特的地理环境磨炼出浙江人吃苦耐劳、顽强拼搏的韧劲和开拓拼搏、富于冒险的胆略。浙商主动适应全球化和新技术革命浪潮，勇于变革创新，

---

① 习近平：《坚定文化自信，建设社会主义文化强国》，《求是》2019年第12期。

实现开放共享，体现前瞻性战略眼光和对人类命运共同体的责任担当。从冯根生正大青春宝对传统产业的坚守到鲁冠球万向的国际化思维，从宗庆后娃哈哈"励精图治，艰苦奋斗，勇于开拓，自强不息"企业精神到纳爱斯集团"并进共赢"的理念，当代浙江企业家将儒家学说与浙东事功学说融入企业管理，将儒家文化与社会主义市场经济相结合，使浙江从原来的资源小省发展成为现在的制造大省，使浙商群体发展成为新时代新征程品质浙商。新时代浙商所表现出的"坚忍不拔的创业精神""敢为人先的创新精神""兴业报国的担当精神""开放大气的合作精神""诚信守法的法治精神""追求卓越的奋斗精神"，构成了新时代浙商精神的主要内容。新时代浙商精神是高度凝练的商业智慧，它们就像一扇扇窗户，透过这些窗户，为人们提供了一套可学习的样本。我们可以从中吸取商业养分和文化精髓，融会贯通，主动拥抱新商业时代，在发展实践中形成自己的文化内涵和意志品格。

《浙商文化与新时代浙商精神概说》融合浙江商业历史文化，传承并发扬优秀的地域文化精神，从寻根浙商、丝路贸易、运河集市、风云商帮的商业史话，到采办务真、洞悉市场、突破旧式、文化创牌的浙商名企，再到新时代浙商精神，围绕"商史—商企—商人"构建了立体清晰的浙商文化图景。传承和创新了优秀传统文化的新时代浙商精神，是历史与当下的和谐统一，是全面深化改革创新、践行新时代新使命的重要保障。

目　录

第 一 章
源远流长的
商业史话

　　早在六七千年前，浙江先民就创造了举世闻名的"河姆渡文化"；五千年前，浙江先民又创造了实证中华五千多年文明史的"良渚文化"；至春秋时期，浙江又孕育了古越文化；到了南宋时期，中原文化大规模南迁，浙江一度成为全国的政治和文化中心；明清时期，浙江更是出现了位列十大商帮的龙游商帮、宁波商帮；改革开放以来，浙江经济发展走在了全国的前列。纵观商业发展史，自然环境和历史传承对于一个地区的经济发展和社会进步具有相当大的影响。浙商不是凭空出现的。它在一定的时代背景下产生，既是实践的产物，又有历史的渊源，同时与特定的自然环境和社会结构紧密相连。

第一节　寻根浙商　孕于越土

　　从古至今，浙江这片灵秀的土地孕育和培养出了无数优秀的商海儿女，而这一切，离不开 2500 多年前越地文化的滋养。

一、越国时期商业流通渠道

　　浙江在古代曾经是越国的所在地，越国时期的陆上交通就已经相当发达。根据《越绝书·记地传》的记载，从大越城出发，境内记有具体里程的道路就有 30 多处，如美人宫、乐野、东郭外南小城、浦阳、夫山、安城里、独山大冢、麻林山、葛山、姑中山、富中大塘、犬山、白鹿山、鸡山、豕山、练塘、木客大冢、官渎、苦竹城、舟室、射浦、巫里、六山、石塘、防坞、杭坞、涂山、朱馀、独妇山等。这些陆上的交通道路，尽管是为特定目的而开辟，如游猎、生产、朝贡、官家出行等，但同时也畅通了乡村与城镇、平原与山地、河海与陆地的货物流通，促进了商业活动的发展。

此外，早期于越先民活动频繁的地区还包括嶕岘、上灶、平阳、马鞍等，特别是平阳，曾先后是越国君主允常、勾践的旧都，人行小道纵横交错。

越国与吴国出于不同时期或阶段的需要，既有争战又有交往。依据史料记载，当时主要的对外通道有三条：西北干道、东干道、西南干道。其中，西北干道从大越至姑苏，途经固陵（今浙江杭州滨江西兴街道）、马嗥（今浙江海盐县境内）、御儿（今浙江桐乡崇福一带）、携李（今浙江嘉兴濮院附近）、射襄（今苏浙交界王江泾）；东干道"出东郭，随直渎阳春亭"，经过上虞、余姚、车厩、鄞县（今浙江宁波）至甬东，到达现在的宁波和舟山地区；西南干道由越都出发，途经诸暨、乌伤（今浙江义乌）、长山（今浙江金华）、太篯（今浙江龙游）、姑蔑（今浙江衢州）、定阳（今浙江常山）至乌干（今鄱阳湖东部地区）。

古代越国的水上交通相当发达。向东由山阴故水道，"出东郭，从郡阳春亭，去县五十里"（《越绝书·记地传》），即是富中大塘筑后，山越城连接富盛（今浙江绍兴越城区东南）、陶堰（今浙江绍兴陶堰镇）、道墟（今浙江绍兴上虞）至上虞曹娥（今浙江绍兴上虞）的水上交通线。向西是胜吴之后利用吴国战俘兴筑的吴塘（今浙江绍兴柯桥区），沟通了由山阴小城出水偏门经三山，出湖塘，向西边接固陵的通道。西北面，即是迁都琅琊时，"使楼船卒二千八百人，伐松柏以为桴"的海上通道。越国为防范楚国，遂拉拢魏国，越王派公师隅去魏国都城大梁（今河南开封）向魏襄王献舟、箭、犀角、象齿等贵重物品。这大批的物品从浙东运到大梁，想必也是利用海道。怪不得《尚书·禹贡》说越国是"沿于江海，达于淮泗"（今本《竹书纪年》魏襄王七年，即公元前312年）。

越国在水陆交通方面的便利，为其争霸中原、促进内外商贸流通提供了有利条件。

二、越国时期商品流通活动

关于越国时期商品流通活动没有明确的文献记载，但从越国与吴国、楚国的几次交往以及越王勾践灭掉吴国迁移都城时的规模，可知一二。

《吴越春秋·勾践归国外传》记载，公元前 490 年，越王勾践为了报答吴王夫差"增之以封"，派文种出使吴国，随行送去的还有"葛布十万，甘蜜九党（盆），文笥七枚，狐皮五双，晋竹十艘"。葛布是由一种从山上采来的植物"葛"的茎皮纤维制作而成的布。作为纺织业，葛布的生产在民间业已成规模，不再仅仅是单纯的家庭织布了。

后来，越国被楚国打败，诸越散居各地，在古越地维持旧统的越王"使公师隅来，献舟三百，箭五百万及犀角、象齿焉"。这些物品虽然是贡品，但从侧面也可以推测当时商品生产及商业活动的规模。

春秋时期，越国已经出现了计然、范蠡等经济专家，在以"农末兼营"作为立国方针的指导思想下，农业、手工业都已形成规模化经营，商品十分丰富。《越绝书》中关于行业的记载统计就有纺织业、采伐业、造船业、冶铸业、养殖业、盐业等，主要商品包括麻、葛制品，粮食，船只，木材，弓箭与剑等。上述行业在当时尽管都是以官办为主，其目的主要是为伐吴战争服务，但由记载可以窥见，当时民间已达到相当高的生产水平和相当大的生产规模，民间的商业流通活动、国与国之间的商品贸易也相当发达。

三、越国时期的经典商业思想

越国的强大，有一个人功不可没，那就是被后世奉为"中华商圣"的范蠡。

范蠡，字少伯。春秋战国时期著名的政治家、军事家和经济学家。范蠡的人生颇具传奇色彩。史书记载，范蠡有勇有谋，能文善武。在越王被拘于吴国时，他全力周旋，最终营救越王回国。之后，更向越王勾践提出

"十年生聚，十年教训"的方针。在此基础上，范蠡还着力于解决经济、文化、外交、人口增长等问题，终于在公元前473年，帮助越王勾践将吴国一举击破，成就了他和勾践个人政治生涯的千秋伟业。

范蠡留在绍兴的遗址不少，他那关于经商致富的"陶朱遗风"更是代代流传，经久不息。陶朱公创立的掌握物价规律、薄利多销、四通贸易、合作经营等观念，后来均被浙江商界信奉为商业道德和准则。但是，范蠡对后世浙江人影响最大的观念还在于他对实现人生价值的道路选择。他在辅佐勾践成功地复国并战胜吴国之后，毅然离开官场，远离政治旋涡。随后，他以商人的身份重新创业，在商业经营方面取得巨大的成就，给后世浙江人留下深刻的人生启示：实现人生价值并非只有为官这一条途径，商场的奋斗同样能实现人生价值。范蠡的价值观激励了无数浙江人踏入工商业界，并以经商发家致富为荣。从事经商，逐步成为浙江人的一种自觉。

范蠡一生自强不息，从一个成功走向另一个成功，"居家则致千金，居官则致卿相"。这样的成功无法不让人注目，其经商的方式方法也引得后世浙商们纷纷效仿。究其商业成功的原因，归结起来可以分为以下几方面。

（一）窥探先机

春秋时代的后期，代代相传的"工商食官"制度渐渐从历史舞台上谢幕，政府对于工商业的完全垄断已不复存在，商人们逐渐走上了自由经营的道路。没有了政府的强力控制，市场形势瞬息万变，纷繁复杂。因此，商人们若想要在市场上站稳脚跟，占有一席之地，就需要对市场行情信息进行敏锐的捕捉和预测，从而精准地把握商业时机。根据商品的供求关系以及价格涨落，及时开展商品交易活动，从而从中获取商业利润。范蠡就是春秋后期从事自由经营的商人的杰出代表。

范蠡在经商时，不仅根据时令调整经营，而且充分掌握未来的产品趋势，进而抢占市场，从而将经营的主动权牢牢掌控在手中。范蠡非常聪明，能从其他事物的变化中掌握规律，举一反三，从而总结出适用于商业经营的独特规律。譬如，范蠡从农业生产中汲取灵感，他发现农业生产是根据季节、天气的变化而不断变化的，不同的季节有不同的适合种植的农作物，而天气的变化也会影响农作物的产量和质量。范蠡从中吸取经验，认为商业经营能够根据农业生产和四时、天气的变化来寻找可遵循的规律，这样一来，无论当年的农产品是丰收还是歉收，只要遵循商品供求变化的规律来从事商业活动，商人都能获利。商人需要根据天时来预测未来农作物的收成情况。如果预期农作物的收成好，供过于求，商人就应当趁着农作物价钱低，大量囤货；等到农作物收成低，供不应求，价格高的时候，商人再将手中低价买入的货物高价卖出。这样，自然能从商品的流转中获得利润。

（二）贱买贵卖

范蠡对于货物价格的变化规律有着非常清晰的认知，它清晰地表明了物极必反这一道理，并且充分地证明了市场规律是可逆的。范蠡认为货物的价格既不会无限制地上涨，也不会无限制地下降。当价格上涨到某个程度的时候，一定会下降；当价格下降到一定程度的时候，一定会上涨。商人就是从贱买贵卖的商品经营中获利。他的"贱买贵卖"论，就是运用价值规律经商。

而从"贱买贵卖"论来看，范蠡不仅已经认识到商品价格的变动受市场供求的影响，而且认识到商品价格在一定范围内波动进而反过来又会影响商品的市场供求。由此可见范蠡聪慧的商业头脑。

（三）信誉取胜

在范蠡所生活的春秋后期，私营个体手工业方兴未艾，手工业者如雨后春笋，一茬一茬地冒出来。在这样的时代背景下，范蠡认为手工业者要想在商业竞争中屹立不倒，所要依靠的便是商业信誉，这要求他们对自己生产的货物保持高要求，不能弄虚作假、以次充好，应当凭借货物的高质量来获取客户的信任。范蠡强调储藏货物要完好，禁止自己的商号贩卖或储藏已经腐败变质的商品，以免损害消费者的利益。

在生意场上，范蠡除了"任时"，还强调"择人"的重要性。何谓"择人"？这里的"择人"除了雇佣劳动力之外，还包括进货商。他认为，商人在确定下来自己想要经营哪些种类的商品之后，去进货的时候应当特别留意，选择的厂商应当具备良好的口碑和产品质量。如此一来，才能最大限度地以质取胜，获得美誉，取信于民。这才是长久的经营之道。

（四）合作经营

在民间广泛流传着范蠡买马的故事。范蠡在吴越生活了数十年，深知何地需要好马。而在北方收购马匹并不是难事，南北两地马的价钱也相差甚远，这肯定是一个赚大钱的买卖。但问题在于，马匹的运输很困难，南北两地千里迢迢，运输费用高不说，路上盗匪也极多，给这桩生意增添了无数的风险。

经多方考察，范蠡打探到齐国有一个巨商叫姜子盾，这人很有势力，时常贩运麻布到吴越，早已买通了沿途匪人，他的货物畅通无阻。于是，范蠡写了一张榜文，张贴在姜子盾所居城邑的正门。大意是：本人新组建一个马队，现值开业，酬宾揽客，可免费帮人向吴越等地运送货物。不出范蠡所料，姜子盾听闻此事，主动找到范蠡，请求运送麻布，范蠡随即答应。就这样，范蠡的马与姜子盾的货物一路同行，安全到达吴越。在吴越，范蠡的马匹很快卖出，他赚了一大笔钱。

（五）薄利多销

范蠡认为，不论是薄利，抑或是"无敢居贵"，其目的都是"多销"。在多销的同时又坚持薄利，可以使商品的周转加速，也就盘活了经营的流动资金。商人在商品经营的过程中，不应当把商品价格定得太高。虽然商品的单价高了，卖出一个商品获得的利润就高，但是相应地，商品的销量就会下降。只有把商品价格定得低一些，让些利润给客户，客户才会更愿意选择这个商品，商品销量增加了，虽然单个商品的利润低一些，但是总体上获得的利润还是多的。薄利多销，让利于民，范蠡这种高明的经商之道极其珍贵，值得所有商人尊重。

范蠡主张钱币应该像水一样迅速地流通，就是说要提高商品的周转次数，使等量的资本在同一周期内做更多的买卖，从而在扩大购销中提升利润的总额。

（六）仗义疏财

范蠡是一位在史籍记载中最早的富而好德、行善分财的商人。他在经商的 19 年中，曾经 3 次在大灾荒时一掷千金，多次疏财济人，获得"富好行其德者"的赞誉。范蠡的诚信经商、疏财济人、取利守义不仅没有影响商品经营，反而为自己赢得了声誉，打造了品牌，得到了百姓的信赖，经营越来越好，财富越积越多，由"千金"而至"巨万"。

范蠡从实践中总结出来的经营思想和较为完整的经营理论，对同代人及后世者，都有很大的影响。这些经济思想，放到现在依旧适用。无论过去还是现在，不管经商还是为官，都能从范蠡的思想中汲取健康的养分，为商为政服务。

第二节　漂洋过海　丝路贸易

如果说商圣范蠡给了浙江商人经商的历史传统，那么，碧波万顷的大海则给了浙江商人开阔的胸襟和优秀商人所必备的勇于冒险、不屈抗争的精神积淀。

浙江人很早就萌发了征服海洋的意识，积聚了开发、利用海洋的能量。他们通过形式多样的海洋商贸活动，形成了具有优势的海洋产业经济，孕育出颇具特色的海洋商贸文化，并在这个过程中形成逐波海疆的商人团队。

浙江自古以来就是海上丝绸之路的重要组成部分，特别是宁波港，它与泉州港和广州港一道被世界公认为海上丝绸之路上的三大贸易启运港，在丝绸、瓷器、茶叶等商品的出口贸易方面发挥了重要作用。此外，海上丝绸之路的重要起点还包括杭州、温州、绍兴、嘉兴、舟山等城市。

公元 702 年，日本遣唐使横渡东海至明州（今宁波），东海航路开启。从 9 世纪中叶起，唐朝商人就东渡日本做生意，且日趋频繁，而此间大批浙江商人（宁波、台州一带尤盛）是主力。浙江商人最初东渡日本在 9 世纪早期，据史料记载，是两位越州商人：周光翰和言升则。《日本纪略》中说，他们两人于 819 年乘新罗人的船只到日本，向日本朝廷介绍了唐朝近况，并于次年乘渤海使船回国。9 世纪中叶后期，对日贸易的大商贾中较为出名的还有张支信、李邻德、李达、詹景全等，他们多次往返于明州港与博多湾海路之间。众多浙江商人往来于唐日之间，促进了浙江海洋经济的繁荣。这期间，逐渐形成了浙江商人不畏风险、大胆果敢的气质。

表 1-1 浙江商人渡日贸易的情况（819—893 年）

名字	唐日往来情况	出处
周光翰	唐越州人。819 年 6 月，与言升则等人乘新罗人的船到日本，带去唐李师道反乱的消息	《日本纪略》《日本逸史》
言升则	唐越州人。819 年 6 月，与周光翰等人乘新罗人的船到日本，带去唐李师道反乱的消息	《日本纪略》《日本逸史》
张觉济	819 年，由于贸易的缘故，与新罗人王请等同船从唐出发，经三个月的漂流，到达出羽（日本本州北部）	《入唐求法巡礼行记》
李处人	833 年至 842 年期间到达大宰府，842 年 8 月归国，从肥前的远值嘉岛出发，到达温州，携日僧惠运同船，帮助其入唐	《入唐五家传（惠运）》
张继明	作为商人去日，滞留于大宰府，834 年 3 月奉敕令由肥后守粟田饱田麻吕带领入京	《续日本后纪》
李邻德	842 年春，从明州出发到日本，让日僧惠萼搭乘其船。845 年末归国，让圆仁的弟子同乘，到达楚州。其名亦写为李鳞德，也称为四郎	《入唐求法巡礼行记》
张支信	847 年 6 月，与李净等 45 人一行乘一船从明州出发，到达肥前的远值嘉岛，7 月进大宰府。让日僧惠萼、惠运、仁好搭乘其船到日。其后作为唐通事留在大宰府，862 年 9 月与真如亲王等一起归唐到达明州	《续日本后纪》《入唐五家传（惠运）》《头陀亲王入唐略记》

续表

名字	唐日往来情况	出处
詹景全	越州商人，出生婺州。856 年 9 月从日本归来，应圆珍所求与李英觉等人一起捐了钱资助建造国清寺的住房。858 年 6 月，与圆珍等人乘李延孝的船从台州出发，到达肥前的五岛，进入大宰府，留有给圆珍的书信和诗。863 年 4 月，让贤真、惠萼、中全等人同船去日本。8 月，受圆珍所托带着圆珍给智慧轮（西域僧，般若斫迦）的书信归国。翌年去日本，受温州的圆德所托带给圆珍净土编的绣佛等物。877 年让入唐僧圆载搭乘，与李延孝一起去日本途中遇难淹死	《圆珍传》《圆珍上智慧轮三藏决疑表》《圆珍乞台州公验状》《头陀亲王入唐略记》
刘仕献	856 年 9 月，与詹景全、李英觉、李延孝等一同归国，应圆珍所求，与其他三人捐了 4000 文钱资助建造国清寺的住房	《圆珍乞台州公验状》
李达	出生婺州（金华）永康县。858 年 6 月似乎乘李延孝的船到达大宰府，留有给同船共乘的圆珍的书信及诗。归国之际，受圆珍所托委嘱乡贡进士沈欢撰写国清寺止观堂记。该文于 861 年完成。877 年载入唐僧智聪等去日本。881 年，托入唐商人张蒙将一切经的欠本 120 多卷送去日本	《唐人送别诗》《圆珍传》《上智慧轮三藏书》
蔡辅	858 年 6 月，似乎与圆珍同船去日本，留有给圆珍的书信和诗。任管道衙前散将	《唐人送别诗》
崔铎	877 年 6 月，一行 63 人从台州出发，7 月，抵达大宰府。多治安江、智聪等人搭乘其船回日本	《三代实录》
张蒙	881 年去日本，带去了李达所托的大藏经欠本 120 多卷	《三代实录》
柏志贞	883 年，到达大宰府。带去了天台山国清寺诸僧以及越州良媭和尚的遗弟子写给圆珍的信件	《智证大师传》
王讷	893 年 3 月，到日本。带了在唐日本僧人的书信	《菅家文草》
周汾	893 年 7 月，一行 60 人共乘一船，抵达博多津。带去了在唐日本僧人好真的牒	《入唐五家传（好真）》

北宋时期，除原有的明州港之外，浙江主要对外贸易的港口又新增了杭州港。政府在明州、杭州两港设立市舶司，两港的对外贸易位于全国前列。明州港在北宋时期的中日贸易中已跃居全国之首，浙江商人功不可没。当时，日本的海舶往来以及浙江商人到日本经商的船舶都集中在明州港。

同一时期，北宋政府在杭州设立市舶司，宋太宗端拱二年（989 年）有文规定："自今商旅出海外藩国贩易者，须于两浙市舶司陈牒，请官给券以行。违者，没入其宝货。"全国各地出海的商船都必须到设在杭州的两浙市舶司办理相关手续，杭州港成为当时全国对外贸易的重要港口。

北宋时期，除了与日本频繁交往之外，与浙江商人开展外贸的还有高丽。在宋神宗熙宁七年（1074年）以前，浙江商人前往高丽的路线，是从山东莱州出海，而高丽来宋开展贸易，是从登州或密州登陆。熙宁七年之后，高丽使者金良鉴为了避开契丹，请求改在明州上岸。此后，明州成为北宋通往高丽的重要港口，浙籍商人与高丽的贸易也进一步频繁起来。随着两国贸易的扩大，北宋政府出资在明州兴建了专门接待高丽使者和商贾的"高丽行使馆"。

元丰二年（1079年）有文规定说：但凡商人前往高丽，资金达到五千缗者，需在明州登记信息，如姓名、籍贯及经营项目等，并需要寻人作保，才能达到发"引"（类似证件）条件。如果没有持"引"而前往高丽，就作为私贩违法论处。北宋时期，浙江商人远航到高丽经商最早见于仁宗宝元元年（1038年），浙江明州商人陈亮、台州商人陈维绩等147人携大量货物去高丽开展贸易。《高丽史》记载，徽宗崇宁二年（1103年）浙江明州教练使张宗闵、许从纲等38人到达高丽；同年5月，又有浙江明州商人杜道济、祝延祚等前往高丽。为了在经济上积极发展与北宋的贸易关系，高丽王朝经常派遣商舶到明州，这在一定程度上促进了当时海外贸易的发展。

政府对海外贸易的鼓励政策，促进了外贸的繁荣。曾有真里富国（今柬埔寨）富商，长期定居在明州经商，并于明州终老。明州知府赵伯圭为其置办后事并派人护送，使其遗骨还乡，此事深得真里富国人的好感。该国派使者来宋答谢，捐献了该富商在明州的全部财产，还修造三座寺院以作纪念。

南宋绍兴元年（1131年）政府在温州设立市舶务，浙江龙泉"哥窑""弟窑"所产的青瓷等产品沿着瓯江下游从温州港出海，被浙江商人远销到东南亚、非洲以及欧洲各地。从此，温州人开始了大规模行贾海外的历程。

第三节　百货辐辏　运河集市

滔滔运河，水流千年。在漫长的历史画卷中，杭州运河两岸展现出水一样宽宏博大的包容性和适应性。杭州运河集市孕育于先秦，形成于隋、唐、吴越，兴盛于两宋，延续于元、明、清，转型于民国，复兴于21世纪，吸引了一代又一代的大商小贾，舟车贩运，货物琳琅，篝火明烛，交易兴旺，专业性商行以及各类专业市场先后兴起，蓬勃发展，各类经济活动以及商贾群体轮番登场。

一、名市大镇

历史上，杭州孕育了许多古老的市镇。其中，以湖州（湖墅）市、湖墅米市、北新关市、卖鱼桥市、拱宸桥市等最为瞩目。它们在发展的过程中，既繁荣了商品市场，也推动了社会变革。

（一）湖州（湖墅）市

唐宋时，出余杭门（武林门）方二十余里皆称湖州墅，俗称湖州市、湖市，元明时改称湖墅，可能与湖州、嘉兴等地的山货、米粮、南北货、茧丝、丝绸等货物从此水路运入杭州相关。

湖墅的兴盛由来已久。隋代江南运河重新修凿后，各路商贾聚集于此，杭嘉湖竹、木、茶、蚕丝、丝织品等物产首先被运入湖墅或由湖墅中转。从五代开始，湖墅的商贸旅游就已经十分繁荣，时有"湖墅八景"之说。清代达到鼎盛，面积扩大，北关要津口岸，下通闽广、江西，上连苏松、两京、辽东、河南、山峡等处。《湖墅小志》和《肇城志》记载，清代湖墅

"烟火万家，绵亘不断"，"井屋鳞次，烟火数万家"，帆樯卸泊，百货登市，交易兴旺，是杭州米、纸的主要集散地，也是杭嘉湖水果、淡水鱼集散地之一。纸行四十家、米行三十余家、锡箔庄二十余家在此营生。

（二）湖墅米市

米市集中于杭城之北湖墅米市桥、黑桥一带，这一区域米行林立，遍布码头。来自苏、湖、常、秀、淮、广等处的粮食，经运河运到米市桥、黑桥码头；米行成批收购后，由小牙子（中间商）批发给杭城各处铺家（米铺），再由铺家零售给市民。南宋吴自牧《梦粱录》卷十六《米铺》记载："杭城常愿米船纷纷而来，早夜不绝可也。且叉袋自有赁户，肩驮脚夫亦有甲头管领，船只各有受载舟户，虽米市搬运混杂，皆无争差，故铺家不劳余力而米径自到铺矣。"

湖墅米市以湖州米最多，品种有早米、晚米、冬春、上色白米、中色白米、红莲子、黄芒、上秆、粳米、糯米、箭子米、黄籼米、蒸米、红米、黄米、陈米等，有二三十种之多。

从宋代至民国初年，湖墅米市桥、黑桥一带一度是杭城最大的大米集散地。

（三）北新关市

北新关位于今杭州市湖墅北路东侧，是杭城连接运河的主要港口，杭州的给养多源于此。此关是运河上重要的运输、商品集散地之一。

元代，杭州运河集市商贸已经十分繁荣，全国各地商贩纷纷涌入，商人数占人口总数的比例相当高。许多地方开辟了夜市，最为著名的就是位于湖墅和北新关一带、有着元代钱塘八景之一美名的北关夜市。作为日市的延伸和补充，北关夜市的参与者以从事航运、贩卖、运输、服务与交易的中介为主，还包括为夜市顾客服务的餐饮业人员。明朝人高得旸在《北关夜市》中曾这样描绘："北城晚集市如林，上国流传直至今。青苎受风摇月影，绛纱笼火照青阴。楼前饮伴联游袂，湖上归人散醉襟。阛阓喧阗如昼日，禁钟未动夜将深。"可见，当时繁华的夜市是一道独特的风景线。

光绪年间，随着漕运的衰退，北关夜市衰落。

（四）卖鱼桥市

卖鱼桥在今杭州市江涨桥西南的湖墅南路与湖墅北路连接处，横跨余杭塘河。余杭塘河自西向东穿此桥注入运河。明代后，卖鱼桥又多俗称归锦桥。

早在南宋时期，卖鱼桥一带靠着大运河的便捷交通，周围米市、鱼行林立，船楫聚集，商贾云集，是极为繁华的商业地段。清朝人魏标曾在《湖墅杂诗》中写道："卖鱼桥下水平矶，鹅炙新鲜嫩又肥。五界庙前春戏散，蜜橙百果买包归。"

清末民初，卖鱼桥一带有大小鱼行百余家。每到黄昏，来自各地的渔船沿着京杭运河途经拱宸桥、大关桥不断地驶向卖鱼桥一带，各鱼行纷纷在三更半夜开秤收购。杭州城里的大鱼贩、酒家来此采购新鲜鱼虾，中小鱼贩半夜采购，黎明时分挑进城里售卖。

20世纪70年代，卖鱼桥仍然是杭州市拱墅区最热闹的地方之一（另一处是拱宸桥）。当时湖墅路上有轮船码头，码头旁边有粮站，码头往南有无线电商店、汤团店、一心点心店、仁号（东风食品店）、一条弄点心店、酱园店，草营巷口有小食品店、太和园酒楼、拱墅电影院、慎大食品店、新华书店、大夫坊工人俱乐部，马路对面有洗衣店、卤味店、景福百货商店、药店、照相馆、旧货店（寄售店）等，过了江涨桥有杂货店、食品店、饭店、肉店（卖猪肉）、豆腐店、糕团店、酱园店、菜场等，江涨桥东及大兜还是自由市场，农民可以卖些自家种的菜，景福后面有水产仓库，东面是老华光桥。现在已经找不到过去的影子了。

现在的卖鱼桥是湖墅南路的一部分，虽然还有桥栏杆，但桥下只有一个涵沟通水，完全没有桥的形状。因此，今日的卖鱼桥仅仅是杭城知名度较高的地名罢了。

（五）拱宸桥市

拱宸桥位于大关桥北，横跨于运河之上，是杭城古桥中最高、最长的石拱桥。拱宸桥始建于明崇祯四年（1631年），由举人祝华封募集资金造桥。到了清顺治八年（1651年），拱宸桥坍塌。直至康熙五十三年（1714年），清布政使段志熙倡导重修并带头捐款，云林寺的慧辂和尚一同募捐款项相助，经过四年的修建，遂建成现在的拱宸桥。

拱宸桥的"宸"是指帝王住的地方，"拱"即拱手，两手相合表示敬意。每当帝王南巡，这座高高的拱形石桥，象征对帝王的相迎和敬意，拱宸桥之名由此而来。

从明末清初起，这里就是南北货物的集散地，码头、仓库也应运而生。因为运河便利的交通，米行、木材行、土特产行、材炭行都在这里沿河而筑。商人、经营店小老板、码头搬运工、工厂职工、平民百姓等各社会阶层的人混居在这个空间里，集市在这一时期勃兴。清光绪二十一年（1895年），拱宸桥地区开辟日租界，修筑马路，"六馆"（即饭馆、茶馆、烟馆、妓馆、戏馆、赌馆）齐兴，这一地段一时间畸形地繁荣起来。清末至民国年间，这里成了南来北往的中转地。当时，金华一带人多地少，在夏收时节，人们乘船到拱宸桥附近上岸，转道去嘉兴、湖州打短工。当时的商店五花八门，有炮仗店、酱坊、饭店、碾米店、打铁店、茶店、蜡烛店等。

二、集市类型

集市是指在一个指定的地点、每隔一段时间、买者和卖者聚在一起进行商品交易等活动的有组织的公共场所。集市的类型很多，既可按集市活动发生的频率或周期来划分，也可按开市的时间、市场的规模、市场的地理位置来划分，还可按交易的商品来划分。这里重点以交易的商品来介绍杭州运河集市的类型。

（一）米市

粮食是集市贸易中最主要的商品之一。运河一直是古代中国的交通要道，承担着粮食运输的重要功能，催生了许多米市。有的米市规模很大，如杭州北关门外的湖墅米市，在南宋时已是杭城最大的米集散地。

据有关文献记载，湖墅的米市桥、黑桥、夹城巷、江涨桥、通市桥、珠儿潭都曾是米市的集中地。而昔日杭城的米行之所以集中于城北湖墅，绝非偶然。城北是大运河在杭州的水利枢纽，嘉兴、湖州、苏州、无锡、福建、广东、江西和湖广等地的米若选择大运河输送，得先到杭州城北湖墅。

湖墅作为历史上京杭运河南端的一个粮食集散地，粮仓特别多。如今，许多古老的粮仓已被拆除，但许多地名还反映出当年这一地区沿河粮仓多的历史事实，如仓基上、仓北弄等。地处胜利河和古运河交叉口霞湾巷的富义仓，是目前杭州仅存的一个古粮仓，始建于光绪年间，是清代战略粮食储备仓库。

（二）鱼市

在杭州运河集市演进史上，名气仅次于米市的专业集贸市场要数鱼市。鱼市的形成已有近千年的历史。

南宋时，鱼市上的货物品种繁多，各类鲜鱼、鳌鱼、贝类，应有尽有。苏、湖、常、秀一带盛产的淡水产品以及杭州周边的河味鱼鲜都在湖墅集中交易给鱼行。

鱼行属于中介行业，靠渔民和鱼贩之间的交易谋取利润。起初的城北鱼市，自江涨桥一直延伸到黑桥。到了元、明时期，逐渐向江涨桥、卖鱼桥一带集中。直至民国时期，江涨桥旁的大兜路上有大小鱼行二十余家，两边数百米的河岸，码头密布。很多商铺和民房向河面挑空伸出，房基就扎在河里，几乎每户商家都有自己的埠头。每到黄昏，各地渔船经拱宸桥、大关桥不断涌向大兜路一带，各鱼行纷纷在夜半开秤。鱼行收鱼后，再销售给城里的鱼铺和鱼贩子。卖鱼桥、渔家台、蟹舟弄……这类带有鱼市色彩的地名，就是湖墅历史发展中水产品市场的缩影。

（三）锡箔市

锡箔业是杭州历代闻名四方的重要产业。锡箔的主要用途之一是制作礼佛用品，杭州也成为重要的礼佛圣地。

所谓锡箔，其实就是在一张纸上涂上一层薄薄的锡，主要用于制作冥锭，是将锡锭锤打成极薄之片，敷于纸上，再用磨头进行压研，使它固着、光滑。

锡箔一行起始于何时，史无记载。昔时在经营锡箔的店铺里挂的"青龙招牌"上，大多题写了"洪武遗风"，由此，便有锡箔一行起始于明初的说法。当时，用于制造锡箔的原材料——锡，来自杭州以外的地方。据记载，从杭州关进口的锡有很大一部分用于制造锡箔。锡的产地除来自新加坡等地外，有一部分来自云南和湖南。从锡箔的生产到销售，大致分为六个环节，即点铜、熔塑、打叶子、分中锭、发送货、销售。为了方便锡箔的运输和销售，杭州城门凤山和武林每晚要等各锡箔行的货物都出城以后，方才关门。

民国时期，锡箔业主要集中于湖墅。据记载，当时开在湖墅一带的锡箔庄有二三十家，每年营业额近千万元。各锡箔庄中，以吴正隆、柳源沧和陈同泰最为著名。杭州的锡箔产品除供应本省外，还远销江苏、安徽乃至天津等地。民国初年，日本机制锡箔涌入，加之我国香港限制锡锭出口，进口的锡锭锐减，使湖墅一带的传统锡箔手工业受到重创。

（四）木材行

民国时期，运河湖墅地区木材行业颇为兴盛。颇具名气的有永达木行、明来木行、汪福鼎（定）木行、沈永隆木行、韩授信木行、陈记木行等。

木行是中间商，专门为买卖双方牵线搭桥，并从说合交易中抽取比例佣金，监督商人纳税，自身也向官府缴纳牙税。当时，开设木行须经政府批准。在木材交易当中，买家和卖家都有特定的称谓，这是交易中使用的行话，买家被叫作"水客"，卖家被叫作"山客"。起初，湖墅小河的木行商实力有限，都是先到山里买木头，之后通过水路将木头运输到木行所在地交易。后来陆续出现了实力雄厚的木行，如永达木行，于是便有了"买青山"的商业行为。小河一带的木材，主要源自浙西地区的临安、昌化等地。木头被砍伐下来后，专业的扎排工将木头扎成木排，随后由专业的放排工将木头沿着水路赶到木行所在地。今小河直街留存至今的一幢青砖石叠的洋楼——姚宅，便是当时赫赫有名的永达木行。

（五）纸行

据《民国杭州市新志稿》卷十八记述："浙省之纸，大抵产自钱江上游者多，集中于本市。然本市纸行，尤以湖墅为最多，城区及江干居少数。"杭城著名的纸行有 23 家，湖墅一带纸行占 13 家，分别为公益、慎康、同康、同福恒、纶沅、公信、裕长隆、公顺、复沅、春成、恒新、汇和、利沅祥。

民国时期，湖墅的造纸业有机器造纸和手工造纸之分，产量也相当可观。

依据《民国杭州市新志稿》记载统计，民国十八年至二十年（1929—1931 年），杭州手工造纸总出口量为 152935 担，海关值银 895107 两。其中，上等纸出口 2911 担，海关值银为 75544 两；次等纸出口 32626 担，海关值银为 296288 两；下等纸出口 117398 担，海关值银为 523275 两。

第四节　名扬四海　风云商帮

一、龙游商帮

龙游历史上为古代重要盐道饷道，被誉为"入闽要道"，也有"金衢处徽之冲"之称，是姑蔑文化的发祥地，是"通浙孔道，馈饷之所必系"之地，亦是浙、皖、闽、赣四省交通之枢纽。明朝人徐复初说："邑（龙游）当孔道，舟车所至，商货所通，纷总填溢。"龙游人农耕之外，借地域交通的便利，以经商谋生，加上龙游素来不轻视经商，头脑活络的人多数选择经商之路。龙游有丰富的资源，多山林竹木和茶漆粮油等，这为龙游人经商提供了物质条件，这些土特产品成为龙游商人最重要的外贸商品。

龙游商帮是以龙游县来命名的，实指浙西地区的商人资本集团，主要包括衢州府西安、常山、开化、江山、龙游五县和金华府兰溪县等，以及绍兴府会稽县、山阴县等商人，因其中以龙游商人最多，经商手段最为高明，活动范围最广，积累资金最多，故冠以"龙游商帮"之名。

（一）龙游商帮的发展历史

1. 龙游商帮的诞生和形成

龙游商帮的形成有一个漫长的过程，经历了三个阶段：发轫于南宋，鼎盛于明清，衰落于清光绪以后。

龙游在唐宋时尚为稳定，与外界交流不多。南宋初，赵氏宋室南迁，北方大批士族随之南下，将北方文化也带进了浙西地区。如孔子第48代孙孔端友来到衢州后就定居下来，另建孔庙，自成孔氏世系，今称之"孔府南宗"。

宋室南迁后，建都杭州，临安遂成为全国政治、经济、文化的中心，东南经济和文化不断发展。为了兴建宫殿、官署和官员住宅，大兴土木，大量的木材就需从衢州、严州、处州等地运来，又以衢州为多。龙游木商乘机而起，沿着官府修建的东起杭州、西接湘赣的官道，经营起木材贩卖的生意来。

杭州自五代、北宋以来已是著名的刻印书籍的中心。杭州、衢州及各地刻书业的发展，需要大量印书用纸，龙游造纸业和贩纸业的商人在其中大有利益可图。如龙游韦塘人朱世荣，"流寓常州致巨富，置产亘常州三县之半，后归衢江古码里，复大置产，当时以为财雄衢常二府"。

2. 龙游商帮的发展

明朝中叶以来，江南经济大有发展，苏杭一带居全国繁华之首。一方面，各地风物以苏杭为首，衣饰器用为全国之先，穿着食用以仿苏杭为荣，流风习俗遍及全国。另一方面，世人对商人的看法已有很大改变，不再持贱视态度。龙游处于商品经济发展的大环境中，为世风所染，从商人数激增。一个以龙游商人为核心，带动整个衢州地区商贾的地域性商业团体闪亮登场，他们以自己的能力和财力，打入全国商帮行列；以血缘和地缘为纽带，联合了以龙游为中心的衢州府各县的商人，以龙游商帮为旗号，活跃于江南、京师、云南乃至海外，与各商帮相角逐而称雄于商界，故有"遍地龙游"之说。根据史料记载，明万历年间，"龙丘之民，往往糊口于四方，诵读之外，农贾相半"。明天启年间，"龙游之民，多向天涯海角，远行商贾，几空县之半"。如商人童巨川在嘉靖年间至宣府、大同做边贸生意，"一往返旬月，获利必倍，岁得数万金，自是兄弟更相往来，垂二十余年，遂成大贾"。至清乾隆年间，童氏家族"多行贾四方，其居家土著者，不过十之三四耳"。

3. 龙游商帮的衰落

鸦片战争后，西方资本主义入侵，传统的农村手工业商品销路受到冲击，如棉织品的市场日益缩小，土纱土布为洋纱洋布所取代。

一般来说，龙游外销商品竹、木、茶、纸、油、米、笋七种土特产不会受到太大的影响。然而在鸦片战争后，整个商品市场萎缩，多少会波及传统商品的外销。这还不是主要的原因，最主要的是整个社会经济大环境在变化，交通条件、手段、工具亦在改变，凡是沿铁路、沿港口的地方，外国资本主义商品输入增多，市场也跟着相应地发达起来，而龙游仅靠步行和水运这些滞后交通工具，这必然给龙游商帮带来很大的冲击。从此，龙游商帮失去了过去的声势而一蹶不振，走向衰落，正如民国《龙游县志》编纂者所指出的："'遍地龙游'之说久不闻矣……今又安得由此积习。为商贾者，既不轻去其乡，所业悉甚微细，其稍大之商业皆徽州、绍兴、宁波人占之，乌在其能商贾也。昔人日以地瘠民贫为忧，而又贱商轻贾以鸣高尚，此愚所最不解者。"

（二）龙游商帮的经商风格和商业道德

1. 不辞辛劳，无远弗届

为了扩大商品销售渠道，占领市场，龙游商帮携亲沾戚，结伴同行，来到遥远之地经商。"贾挟资以出，守为恒业，即秦晋滇蜀，万里视若比舍。""龙游之民，多向天涯海角，远行商贾。"他们行商到全国各地，长期不归。如胡松"商于外，久不归"，其父长途去看望他，病殁于途，至老死未回故里，妻周锦姑以纺织自养，至 71 岁而殁；童子鸣长期贩书于江南各地，更有数万人远赴云南经商或开垦。

2. 有守本精神

凡经商者必须有守本精神方能发家致富，不能朝秦暮楚，经常变易地方或行业。当然，为了适应环境，也不固着一地，拘泥一土，应当因地因时因人制宜，但不能轻率变易行业。明朝商贾很注重守本精神，有一本商书则曰："平昔生意，惯熟货物，虽然利微，亦或遇而不遇，切不可轻易丢弃，改换生理。暴入别行，而货物真假未必全识，价值低昂难以逆料，以致倾覆财本，大有不可量也。然作客贩货官，固守本行为是。"固守本业，熟悉业务，易辨真假优劣，了解市场行情，并会有相对稳定的销售渠道和顾客。经常变易行业，易亏本失利，故常有数代累世为某一行业的商贾，龙游商帮中也不乏其例。如林品茂、林巨伦一族，从祖父林品茂自福建上杭县迁入龙游后，与其弟祥茂、琼茂三人共事纸业，至第三代巨伦，长期经营纸业，经验丰富，技术精当，故巨伦"刻意经营，积资累巨万"。如果亏了本，暂时失利，也不轻易放弃其业。如姜益大丝绸棉布店，当原店主姜德明将店抵偿给胡氏兄弟时还坚持不让店号改名，经胡氏同意，由胡氏接办的商店仍用"姜益大"之名。

3. 重视商品质量

商品质量是商品的生命力，商品能否畅销当以质量为第一，龙游商帮很注意商品质量。如书商童珮自小从父贩书，自学成才，"尤善考证诸书画、金石、彝敦之属"，无所不精。书籍是特殊商品，考证其真伪及其版本之优劣，这非有专精的知识不可，还要有良工刻刊，每一环节都要坚持高标准。童珮深得其理，加上他家藏书极富，这是校书的必备条件。书贾本人必须是学问家，如明代著名藏书家、学者兼书贾汲古阁主毛晋，所刻之书皆为上乘。童珮也是如此，"子鸣有藏书万卷，皆其手所自雠校者"。因此他所刻的书畅销江南，成为书家争购的商品。此外，龙游纸商也很注意纸的质量，多道挑拣，次品不出售。纸商傅汉机为了保证纸质，防止假品，凡经过检验外销的纸品统一加盖"西山傅立宗"印信，以确保质量。滋福堂药店重金延请名医坐堂。中药品是人命攸关之物，特殊商品必须精益求精，配药要精确不误，店员药工分工细密，层层把关，严加检查，使药品质量可靠，服之有效，货真价实，人人放心。人们愿意到此店购药、配药，生意特别兴隆，职工有时忙得连吃饭时间也没有，只能以粽子、包子充饥，而脸无不快之色。职工互相帮助，店堂忙时后坊的刀工等都会主动来帮忙。

4. 重信誉，重然诺

在经商活动中，信誉是很重要的，等于商品的字号，比商品广告还要有实效。凡一次失信，下一次的买卖就不成了，别人决不会上当。在商业竞争中，劣商往往以假、冒、骗，短斤缺两、以次充好的行为图眼前之利。反悔成交、不按期交货款等，这都是历来商海竞争中习以为常的陋规弊习。但是龙游商人决不取之，而是很讲信用，重承诺。如纸商傅家来开设的傅立宗纸号，坚持产品质量，决不马虎，纸张均匀又薄，白净坚韧，同一件纸在纸张、刀数、长阔尺寸等规格相同的情况下，比别的纸号轻约5公斤，其产品行销大江南北。为了防止他商假冒，在纸件上加印"西山傅立宗"或"行傅立宗"，保持商品的信誉。姜益大棉布店自从胡筱渔接管店铺经营以来，特别重视信誉，多次提出该店一定要做到不二价、童叟无欺、薄利多销，被誉为"金、衢、严三府第一家"。为了防止银圆有假，姜益大特聘请了三名有经验的验银工，凡查验过的银圆加印"姜益大"印记，表示银圆不假，让顾客放心上店购物。

5. 乐善好施，宽容待人

"仁"是孔子的核心思想。乐善好施、宽以待人均属于道德范畴的"仁"，为伦理规范中的最高行为准则。龙游商人在聚积了财富之后，慷慨解囊，做慈善事业。在商业竞争中，自然存在排他性，而龙游商帮多会本着公平合理、共同经营的观念，容许其他籍贯的商人进入商帮，并与之和谐相处。在衢州或龙游就有安徽、江西等籍商人融入，如徽商程廷柱于康熙年间率三个兄弟来浙经商，他们"创立龙游典业、田庄，金华、兰溪两处盐务，游埠店业，吾乡丰口盐业"（歙县《程氏孟孙公支谱·程廷柱传》）。龙游外籍商人为数众多。据《氏族志》不完全统计，从外地徙入者至少有83姓430族，其中不少为从商者，他们长期寓居龙游，很快融入龙游社会。龙游商人以仁为出发点，在经商中善于处理各种人际关系。他们宽容、平和、诚实、乐施。如胡筱渔在经营姜益大布店期间，对店中员工十分关心，对员工中年长者称以叔伯，对平辈称以兄弟，对晚辈称以弟侄，年终给员工发"红利压岁钱"以示关爱，过年还给每名员工一匹布作为奖励金。余氏滋福堂也是如此，给年老退休员工每月汇寄退休金。如此和洽的工作氛围有利于调动员工的积极性，这些细节亦体现了龙游商人的儒学涵养。

二、宁波商帮

宁波，在浙江省的东部，简称为"甬"，所以"宁波商帮"也叫甬商，泛指明清以来旧宁波府所属鄞县、奉化、镇海、慈溪、象山（南田）、定海6县旅居外埠从事工商业活动的宁波人。宁波商帮是中国传统十大商帮之一，也是浙商祖辈中最具代表性的源头。它以上海为活动基地，在北京、天津、汉口有很大影响，且波及全国乃至世界各地。"无宁不成市"便是对宁波人"善贾"的最好说明。他们活跃在工商界，在航运、金融领域富有影响，在中国经济发展中起着举足轻重的作用。1916年，孙中山对宁波商帮的评价很高："宁波人对工商业之经营，经验丰富，凡吾国各埠，莫不有甬人事业，即欧洲各国，亦多甬商足迹，其能力影响之大，固可首屈一指也。"宁波商帮不仅历史悠久、经济实力雄厚，而且是唯一一个实现了集团性或整体性近现代化转型的传统商帮。

（一）宁波商帮的发展历史

1. 宁波商帮的形成

明清海禁，使宁波延续了几百年的繁华渐渐衰落。由于中外贸易的中断，大批宁波商人只得纷纷前往沿海与内陆各省寻找商业机会，为富余的生产力和就业人口寻找发展机会，于明末清初逐渐形成宁波商帮。具体分析，主要有以下几点原因。

其一，宁波是滨海港口城市，因而古代宁波商人主要从事海外贸易，但在国内各地经商的也并非少数。

其二，明朝政府对沿海各地厉行海禁。洪武年间曾三令五申："敢有私下诸番互市者必置之重法。"明廷对外商来华贸易也严加控制，只有建立"朝贡"关系的国家才被允许来华贸易。在明廷厉行海禁的情况下，宁波商人纷纷转向内地贸易。

其三，嘉靖年间，明廷多次剿捕盘踞宁波沿海岛屿从事走私贸易的海商。双屿港、烈港和岑港等贸易活动场所被摧毁，宁波商民依附其从事海上贸易的很多，经受多次打击，这些商民除少数潜往南洋外，大多转为经营国内商业，这使在内地经商的宁波商人急剧增加。

其四，清初，清廷为阻遏郑成功等反清势力，于顺治十八年（1661年）迫令江、浙、闽滨海民户内迁30里，并严禁商民出海，"片板不许下海，粒货不许越疆"。宁波府属各县滨海民户背井离乡，流离失所，生计无着，只好外出谋生。

其五，一些儒生科场失意，弃儒从商。孙春阳即因在明万历中应童子试不成，于是抛弃举业之途，改为从事商贸。又如康熙年间，慈溪人董汉醇的兄长经商致富后，资助他读书，志在求取功名。后来董汉醇怀才不遇，名落孙山，兄长携他外出经商，教授经商之道，带着资本往来于楚蜀，家业自此富裕。此外，入清以后，在抗清志士的影响下，也有一些宁波人耻于在清朝为官，放弃科举转而从事工商业。

2. 宁波商帮的发展

鸦片战争（1840年）后至辛亥革命（1911年）前，是宁波商帮迅速发展的时期。鸦片战争前，尽管宁波商帮在京津地区和长江中下游商业重镇有相当势力，但未能突破旧式商帮的格局。鸦片战争后，清政府被迫开埠，现代工业进入中国，加上洋务运动对近代军用、民用工业的推动，宁波商帮活动的地域进一步拓展，群体实力进一步增强，新兴行业涌现，航运业、金融业崛起并成为支柱产业。

这一时期，宁波商帮的活动地域已不限于北京及沿海通商大埠和长江中下游大中城市，而是扩展到全国各地，包括市镇、乡村和山城，甚至远达海外，全力开拓和占领新的市场。他们不仅在上海经商，还不畏风浪险恶、海盗凶残，以巨额资财自行置办南北号商船，从事南北埠际贸易，北抵天津、营口，南达厦门、汕头。

3. 宁波商帮的鼎盛

辛亥革命后至中华人民共和国成立前，宁波商帮大规模创办工商业，百业鼎盛，经营行业进一步更新，在商界的地位进一步提高，并快速实现了从传统封建商帮集团到近代工商资本家群体的转型，这是宁波商帮的鼎盛期。

民国时期，宁波商帮中新一代实业家崛起。这批人从小生长在通商口岸，接受资本主义经营思想的熏陶，具备西方经营思维和现代管理技术，对新兴事物极为敏感，能利用时机开拓活动地域，开展项目经营，充分发挥宁波商人自身在人才、资金、货源等方面的独特优势。他们对钱庄、银行在融通商业资金方面的作用认识充分，能够整合商业与金融业，经营规模扩大，营运资本雄厚，名店遍布各地，并且经营理念和经营方式也在发生深刻变化，向近代化做群体性转型。宁波商帮作为一个新兴的近代实业家群体，已成为中国最著名的商帮之一。

这些宁波籍实业家不仅具有强烈的参政和保障自身权益的意识，还有强烈的同乡联合共同对外竞争的意识。他们中的很多人充任买办，以此致富后再经营他业。这些买办绝大多数属于从事对外贸易的新式商人，他们当中不少人后来都转化为民族资本家。可以说，买办和当过买办的民族资本家是宁波商帮的一大人才优势。他们在与外国商人接触中，学到了一套近代商业经营管理经验，使经营得法，管理有方，企业富有活力。

宁波商人不仅善于开拓活动地域，还善于开拓经营项目。鸦片战争后，浙东地区的社会习俗和市场需求发生了新的变化。宁波商人见多识广，他们在保留传统产业特色的同时，善于把握时机更新经营项目，投资新兴产业。他们往往开展跨行业经营，相互融合，许多宁波商帮经营的行业在国内实业界处于主导地位。

鼎盛阶段的重要标志是随着第一次世界大战的爆发，许多在中国的外国商人回国服役，他们没有精力顾及中国市场，这对我国民族工商业来说是一次难得的发展机遇。据 1935 年"国民政府中央工业检查处"统计，上海已有工厂 5418 家，占全国的 85.4%，至于其他行业更是不计其数。"宁波帮"商人在 1911—1936 年这 20 多年间，纷纷以此为契机，振兴各行各业。一时间，许多知名商号、知名品牌、知名商人借机崛起。著名的有"五金业"叶澄衷，"毛纺业"刘鸿生，"药业兼娱乐业"黄楚九，"橡胶业"余芝卿，"造纸业"竺梅先、金润庠，"印刷业"鲍咸昌，"新药业"项松茂，"照明业"胡西园，等等。

4. 宁波商帮在中国港澳台及海外

长期以来，宁波商帮的活动地域并不限于中国内地和大陆，在中国港澳台和海外分布也很广。宁波人在海外经商历史悠久。明朝嘉靖年间，宁波一带商民趋海利，从事走私贸易，在双屿、烈港、岑港相继被明朝政府派兵摧毁后，这些从事贸易的商人大部分转为经营国内商业，但也有一部分流落到海外经商。近代以来，宁波人去海外经商蔚然成风。五口通商后，宁波商人的经营活动遍及全国，南洋、欧美各地也不乏他们的身影。尤其是在 19 世纪末和 20 世纪 40 年代，宁波商人在海外有两次创业高潮。

清末光绪、宣统年间，一批宁波人因谋生被迫移居日本、南洋等海外之地。他们中的大多数人是手拿菜刀、裁缝剪、理发刀的底层劳动人民。

多年来，他们依靠自己的拼搏和灵活的经商手段，努力工作，取得了非凡的成就。杰出代表包括 20 世纪初在日本被称为"关西财阀"的华侨大亨吴锦堂、"鱼翅大王"张尊三和 20 世纪三四十年代与南洋陈嘉庚、胡文虎齐名的新加坡大亨胡佳烈。

20 世纪 40 年代，宁波商帮仍处于鼎盛时期。由于社会经济环境的风云变幻，许多宁波籍的商人移居国外，与海外发展起来的宁波商人共同形成宁波商帮。海外宁波商帮继承宁波商帮重视乡谊、和衷共济的观念，弘扬宁波商帮把握机遇、奋进不息的创业精神，相互扶持，风雨同舟，在海外经营的业务不断拓展。海外宁波商帮崛起于 20 世纪 40 年代末 50 年代初，现已完成现代转型，在海外重振雄风，成为国际社会中不可忽视的华人群体。这第二次大规模迁移使宁波商帮的活动重心由内地转移到了海外。据不完全统计，目前海外宁波商人广泛分布在日本、新加坡、马来西亚、印度尼西亚、菲律宾、泰国、美国、英国、法国、德国、丹麦、瑞士、葡萄牙、澳大利亚、加纳、毛里求斯等 50 多个国家和地区，总人数超过 50 万。

宁波商帮在中国香港、台湾的代表人物有"世界船王"包玉刚和董浩云、"影视大王"邵逸夫、"电子大王"邵炎忠、"半导体教父"张忠谋、"裘皮大王"陈志耀、"钟表大王"李惠利、"毛纺大王"曹光彪、"棉花大王"商学鸣、"棉纱大王"陈廷骅、"水泥大王"张敏钰、"地产大王"张济民、"化工巨子"朱绣山、"春卷大王"范岁久等，都是名震一方的宁波商业巨子。包玉刚曾被英国前首相撒切尔夫人称为具有"出类拔萃的才能"，"卓荦冠群、成就赫赫的人物"。邵逸夫曾获英国女王授予的 CBE 勋衔和爵士位。美国《国会档案》第 34 号第 133 卷中，曾记载魏重庆的多项成就，称他是"一个卓越超群的商人"。香港娱乐业巨子邱德根曾获美国成就学会金牌奖。

在香港十大富豪中，宁波商人占有三席；在八大世界船王中，有两位是宁波商人；在美国和日本十大华侨财团中，宁波商人占据一席。他们不仅有巨大的财富，而且还有很高的社会地位，与各国政要交往频繁，在自己经营的行业中具"王者之尊"。

从 20 世纪二三十年代起，宁波商人先后在日本东京和新加坡成立同乡会，此后随着宁波商人的足迹，在世界各地纷纷建立起相应的同乡会组织，对同乡互助、沟通商情、共谋发展、从事公益以及建设家乡起到积极的作用。

（二）宁波商帮的经商风格和商业道德

1. 勇于开拓，善于创新

宁波商人善于开拓市场，占领市场，足迹遍及海内外。上海成为宁波商帮的主要经营阵地之后，香港在 20 世纪 40 年代也成为宁波商人经商的大本营。此后，一批宁波商人不断向日本、东南亚、北美、南美、大洋洲等地扩张，并依托业务发展成为全球性公司。他们思维机敏，经营灵活，顺应时代潮流，适应市场需求，及时更新经营项目。但宁波商人并非洋奴，而是民族立场坚定、敢于跟洋人竞争较量的商人。

2. 吃苦耐劳，克勤克俭

宁波商人一直以来都有吃苦耐劳、艰苦朴素、克勤克俭的品质。他们中的绝大多数是从最底层的劳动者开始，"出门谋生但求一枝之栖，为僮为仆在所不计"。许多宁波商人都曾有过一段艰辛不易的创业经历。值得称道的是，在创业成功之后，他们仍然简朴而节俭，宁愿在公益事业上慷慨解囊，自己也不铺张浪费。

3. 以诚为本，务实取信

清代浙东学派"最重人格，最重良心"的学风，哺育了一代又一代宁波商人重视信与义，主张以诚信为本、义内求财的经商理念。历史上，宁波商人在上海创办的钱庄享有很高的声誉，他们发行的庄票在上海和其他港口地域通行。为此，他们执掌上海钱庄业多年不衰。同样，宁波人的信誉支持了上海民信事业的发展。钱庄业和民信业的盛况反映了宁波人"重然诺，尚信义"的职业精神。

4.敦重乡谊，结伙经营

宁波商人重视同乡情谊，外出经商互相帮衬，返乡互托携带钱物。宁波籍店主、厂主多喜雇佣宁波同乡人，在商业发展和人生道路上更是和衷共济、同气连根。宁波商帮成立的会馆、公所，不仅是增进同乡情谊、凝聚同行力量、扶老济贫的场所，还作为洽谈业务、研讨商情、团结同胞、维护共同利益的聚集地，以求"有利则均占，有害则共御"的合作精神。

5.爱国爱乡，回报社会

宁波商人是热忱的爱乡爱国者。历史上，宁波商人中有的同情、支持孙中山的民主革命，有的在民族危难中不惜献出了宝贵的生命，而热心、慷慨地支持公益事业的宁波商人更是不计其数。20世纪以来，包玉刚、邵逸夫、包从兴、赵安中等人先后捐资兴办了国家和家乡的社会事业，包玉刚捐资兴建了宁波自开埠以来创办的第一所综合性大学，邵逸夫向国家教育事业及其他公益组织机构捐款逾26亿港元……他们的义举体现了"宁波帮"对祖国母亲的一片赤诚。

第 二 章
有口皆碑的
大商名企

我国虽早有使用商号进行商事交往的历史，但直到近代才出现"全聚德""同仁堂"等商号群族，反映了早期工商业者励精图治、振兴实业、强国富民的理想。中华人民共和国成立后，以"老字号"为代表的传统名商在经营思想、管理模式、经营风格和水准上形成了自身的特色，经历了历史的洗礼与岁月的雕琢。它们不仅是历史的见证者，也是中华文明的传承者，孕育着丰富且优秀的商号文化基因。

第一节　采办务真　经营之道

一、胡雪岩和胡庆余堂

"红顶商人"胡雪岩在清同治十三年（1874年）于毗邻西湖的吴山脚下开设药铺。当时，他的事业正值鼎盛时期，为大清首富。药铺的名字叫"胡庆余堂"，出自《周易》"积善之家，必有余庆；积不善之家，必有余殃"，这既契合胡雪岩创办药店的初衷，又与药号的经营特色相得益彰。

（一）白手起家，飞升江南"第一财神"

12岁那年，胡雪岩开启了别样的人生。他早年失去父亲，小小年纪就承担起养家糊口的责任。胡雪岩在亲戚的推荐下，到杭州的信和钱庄当学徒。3年后，他获得了钱庄庄主对他工作勤勉的赞赏，成为一名正式伙计，并在16岁时晋升为跑街。胡雪岩原计划是走传统的商业路线，逐渐成为商业名人，没想到他遇到了王有龄——他生命中的第一个贵人。

王有龄，字英九，号雪轩，侯官（今福州市区）人，官至巡抚，是一品大臣。据说有一天，王有龄想进京，但囊中羞涩，正坐在杭州的一家茶馆里叹息。这一幕，正巧被胡雪岩看到了。胡雪岩很欣赏王有龄，认为凭着王有龄的才能，将来一定前途光明，于是毫不犹豫地资助了王有龄 500 两银子。后来，王有龄遇见了一位好友——时任户部侍郎的何桂清，得到了何桂清的推荐，担任浙江巡抚门下的粮台总办。王有龄没有忘记胡雪岩在他落魄时的帮助，也发现了胡雪岩在商业经营方面的才华，于是资助胡雪岩创办了阜康钱庄。

果不其然，胡雪岩以非凡的冒险能力，利用商机，打破既定规律，开创了一条致富的捷径。除了在湖州、宁波、温州等地做钱粮借贷生意外，他还参与了多项投资事业。阜康钱庄逐步发展成为杭州最大的钱庄，胡雪岩也成为影响晚清整个商业的富商，被誉为"商业奇人"。

正如古语所说，树大好乘凉。背靠王有龄这棵大树，胡雪岩的生意做得顺风顺水。在王有龄的扶持下，胡雪岩先代理湖州公库，开设丝绸行，收购湖丝销往杭州、上海等地。后来他又介入粮械，综理漕运事务。在开展业务的过程中，他利用与军界的密切关系，使阜康钱庄承接了官军饷银公款的汇兑业务。就这样，他一方面管理着钱庄的业务，另一方面负责粮饷军械。他控制了浙江省几近一半的战时财政，雄厚的资本积累，为其未来的发展奠定了坚实的物质基础，由此也拉开了其一生亦官亦商的序幕。

（二）叱咤商场，成为最著名的"红顶商人"

胡雪岩命运的转折点始于太平天国运动。1861 年，王有龄战败自杀，使胡雪岩失去了坚实的后盾。但很快胡雪岩就因非凡的勇气、敏锐的洞察力以及善于揣摩他人的能力赢得了新上任的浙江巡抚左宗棠的信任。当时，胡雪岩洞悉了左宗棠军队钱粮军饷短缺的实情，他急于寻找新的支持，便抓住了这个机会。他用三天时间成功地完成了为左宗棠筹备十万石粮食的任务，这无疑解了左宗棠的燃眉之急。由于他出色的商业能力，胡雪岩很快就被委以总管全省粮饷的重任。随着杭州的解围，胡雪岩又适时地向左宗棠提出解决军需和民粮、稳定民心、恢复生产等一系列建议。在他的帮助下，浙江民众树立了重建家园的信心，军队的钱粮军饷也得到及时补给，浙江的局势稳定了下来。胡雪岩亦官亦商的身份为他事业的发展带来便利。

他常年往来于宁波、上海等商埠，操纵江浙贸易，经营丝绸、茶叶出口；他广泛接触外国军官，为左宗棠训练配备洋枪、洋炮装备的常捷军。这一时期的胡雪岩左右逢源，达到了事业的巅峰。

当然，胡雪岩最受后人赞誉的是他帮助左宗棠实现了三件利国利民的大事。第一件，为加强海防建设成立了福州船政局，它是近代中国最大的官方造船企业。在确定船舶管理事项时，一切事务和出入款项都由胡雪岩全权负责。他选择马尾作为造船基地，购置了建厂原料，置办了法国轮机，聘请了法国技术人员，培养了轮机驾驶技术人员。在他的精心规划下，马尾造船厂成为当时最早、最大的造船基地，为国家培养了一批具有驾驶技能的优秀船舶工程师和航海人才。第二件，积极引进西方先进设备和技术，创办了兰州纺织局，它是近代中国最早的官方轻工业。同时，胡雪岩从国外采购的先进开石机器在协助左宗棠开发西北的过程中发挥了极大的作用，促进了西北水利事业的发展。胡雪岩还聘请农作物专家为西北地区人民传授技能，极大地推动了西北地区农业的发展。第三件，胡雪岩用他的商业信誉，向外国银行借用军事资源，支持左宗棠收复新疆，确保国家领土完整。1866 年，左宗棠担任陕甘总督，负责收复当时被俄国人占领的领土——伊犁。为了确保西征军粮饷的供给，左宗棠在上海成立了西征军转运局，负责向东南各省调配大军的粮饷及军需物资，由胡雪岩统筹。从 1866 年到 1878 年，胡雪岩为西征军借了 4 笔外债，共计 1600 万两白银，确保了西征的胜利。左宗棠得胜回京后，极力夸赞胡雪岩"勤干有为，有豪侠之概"，后胡雪岩被赏加布政使衔（三品），赐二品红顶戴、穿黄马褂、紫禁城骑马等荣誉，成为清代最有名的"红顶商人"。

（三）为富且仁，创办胡庆余堂

胡雪岩为富好仁、乐善好施，不仅是响当当的"红顶商人"，他也做了众多义举，赢得了"胡大善人"的美誉。1874 年，胡雪岩选择吴山脚下的大井巷，修建房屋和商铺，建立了胡庆余堂，向饱受战乱和病痛之苦的人施药。1876 年，他在杭州涌金门外购买 10 多亩土地建成胶厂。胡庆余堂以熟药局为依托，聘请浙江名医，搜集老方子，总结经验，研制出药丸、粉剂、软膏、丸剂和胶露油酒的验方400多个，并将它们精制成便于携带和服用的药。

1878年，胡雪岩亲自题写店训牌匾"戒欺"二字，上面还刻有警戒员工的跋文，核心内容为"采办务真，修制务精；以信为本，真不二价"。"采办务真"即是要求店员要采购地道的药材，不以劣充好来牟取暴利；"修制务精"是指药材采购进店后，要求去杂提纯，确保成药质量；"以信为本"指开店经营讲究商德，诚信经商，做到质优价实；"真不二价"指货真价实，童叟无欺。

胡雪岩以"济世救人"为经营宗旨，广泛聘请名医研制出"诸葛行军散""八宝红灵丹""藿香正气丸"等数十种中药，捐赠给受灾群众。在胡雪岩事业全盛期，胡庆余堂对所有老百姓一视同仁，救死扶伤。在胡雪岩的带领下，胡庆余堂还推出了14种大类中药，免费赠送百姓必备太平药，如"辟瘟丹""痧药"等。他还在《申报》上刊登广告，使胡庆余堂声名鹊起。胡雪岩尽管出身钱庄，对医药领域不熟悉，但凭着勇于探索的精神，在中国药业史上写下了辉煌的一笔，促进了中国医药行业的发展。现如今，胡庆余堂国药号不仅是清代保存最完整的徽派商业古建筑群，也是我国规模较大的国药字号，在国内外享有盛誉，号称"江南药王"。

（四）"雪化岩崩"，黯然逝世

19世纪80年代，中国丝绸业在国际市场上面临着来自欧洲和日本的竞争。

为了进一步扩大丝绸业务，打破外商对丝绸商品市场的垄断，遏制外商的剥削和掠夺，恢复华商的利益，胡雪岩决定利用自己雄厚的财力，囤积生丝，与外商竞争，保护中国丝绸商和蚕农的切身利益。结果，买不到生丝的外国商人联合起来牢牢地封锁了国际市场，切断了胡雪岩生丝的出口渠道。由于生丝长期积压导致变质，胡雪岩急于脱手。然而，由于外国丝绸商人联合起来，利用不平等条约进行压价，造成了800万两白银的损失。后来胡雪岩想在上海投资地产。不料，中法战争爆发，法国军队即将登陆吴淞口的传闻甚嚣尘上。官吏百姓纷纷变卖房屋逃离上海，地价暴跌，胡雪岩投资地产失败。国内形势动荡，民众恐慌。来自北京、上海和杭州的官员和民众纷纷来到银行取钱，为逃难做准备。在疯狂的挤兑冲击下，胡雪岩开设在全国各地的钱庄当铺倒闭。1885 年，胡雪岩的有力支持者左宗棠因病去世。清政府抓住时机，对胡雪岩贪污公款、收受贿赂等行为进行调查，并责令查封胡雪岩原籍和各省的财产。但在皇令到达杭州之前，这位著名的"红顶商人"已凄然离世。

胡庆余堂几经易主，从创建到兴盛、从变故到黯然、从新生到繁荣……它承载着时代的风云，穿越了动荡沉浮的岁月。尽管沧海桑田，世事多变，胡庆余堂的基业并没有动摇，它的招牌如初、风采如故。

二、胡庆余堂的经营之道

（一）药业以"仁"为先

在胡庆余堂中药博物馆里，其高立的青砖门楼上铭刻着"是乃仁术"四个大字。中国古代儒家思想的核心便是"仁"。《孟子·梁惠王上》中提到："医者，是乃仁术也。"道出了中国传统文化中根深蒂固的观念——为医者，济世救人也。医者，因悬壶济世而具有令人崇敬的社会地位。"仁"，就是"穷则独善其身，达则兼济天下"。处于事业巅峰期的胡雪岩创建胡庆余堂，花费几十万两银子，正是"达则兼济天下"的鲜明写照。作为胡庆余堂经营的宗旨，"仁"也是胡庆余堂成功和成名的原因。

要经营一家药号，"仁术"应该是第一位的。胡雪岩在经营胡庆余堂的时候，就充分贯彻"仁术为先"这一经营理念，在为药堂寻找管理者的过程中就将这一理念体现得淋漓尽致。胡雪岩寻找药堂经理的过程并不顺利，充满了坎坷，前前后后换了三人，才敲定了最终的经理人选。胡雪岩在上海的几大报纸上刊登了招聘药堂经理的广告，很快便有人循之前往药堂应聘。第一个来应聘的人对胡雪岩说，自己非常善于算计，如果能当任，就能保证在任期两年之内让药堂赚得十万两白银。但胡雪岩认为他不适合做胡庆余堂的经理，没有聘用他。第二个来应聘的人工作经验丰富，他曾经自己经营一间药店，是药店的店主，他擅长的经商方式是渐进的，主张先赚点小钱积累资本，当资本积累到一定程度，方可以赚大钱。但是胡雪岩认为他也不适合做胡庆余堂的经理，没有聘用他。胡雪岩对前来应聘的诸人感到失望，于是开始多方打听，留意更合适的经理人选。有人向胡雪岩引荐江苏松江的一位药号经理余修初，说他很有经商才能，于是胡雪岩亲自登门拜访。余修初认为，药堂的经营者不能为了利润而锱铢必较，应当把"仁"字放在第一位。只有这样，经营才会有所回报。胡雪岩一听，与自己的经营观念不谋而合，喜出望外，立即聘请他为胡庆余堂的第一任经理。

胡雪岩"三聘经理"的事迹充分说明了他经营药号不仅仅是为了赚钱，而是他"济世助人""兼济天下"的行动写照。当瘟疫在湖州蔓延时，胡雪岩让药堂的工作人员到码头等人流量大的交通要道去，免费为百姓送治疗瘟疫的痧药，这药一送便送了三年。药堂的工作人员对此感到不解，免费给百姓送药，那药堂不是亏大了吗？余修初认为，这就是"仁"的体现。药堂只有仁义经营，才能得到百姓的充分信任，树立良好的口碑。

正是因为秉承"仁术"为先，胡庆余堂店誉才会蒸蒸日上，成为"北有'同仁堂'，南有'庆余堂'"的招牌老字号，在全国中药界名噪一时。

（二）服务以"人"为本

经营药号要把"仁"放在首位，在具体的经营中也要体现服务以人为本。药店经营必须以优质的服务来争取顾客，顾客的向背直接关系到生意的盈亏。胡庆余堂的服务是以顾客为本的，这充分体现在胡庆余堂店规当中的"顾客乃养命之源"上。这条店规要求店员在工作中的每时每刻都要充分尊重顾客，致力于提高客户的购药体验，将客户看作药堂的衣食父母。具体来讲，胡雪岩要求药堂的工作人员做到以下几点。

第一，店员要礼貌待客。学徒进入胡庆余堂需要学习的第一项技能就是怎样招待顾客。比如顾客进店虽然还没到柜台，店员在看到顾客的那一刻，就应当马上起身，热情主动地与顾客打招呼，要与顾客面对面，而不能背对着顾客，那是不礼貌的。顾客到店后提出的需求，店员应当尽力满足，即使不能很好地满足顾客的需求，也不能一口回绝，应该尽最大努力服务好顾客，促成交易；如果客户来药堂配药，配药必定得足量足味，使客户非常满意。只有用礼貌的态度对待顾客，为顾客提供周到而贴心的服务，药堂才能客源不断。

第二，店员要仁义待客。在胡庆余堂刚刚开业的那段时间，胡雪岩作为药堂的老板，亲力亲为，前往药堂接待顾客。他虽然身上穿着官服，头上戴着花翎，胸前挂着一串朝珠，看起来颇有官老爷的气派，可他对待顾客丝毫不摆官老爷的架子，就跟胡庆余堂的普通伙计一般热情待客。有一次，药堂里来了一位从湖州来的远客，他买了一盒药，打开一闻，神色立即变得颇为不满。胡雪岩当时正在现场，立刻去询问那位顾客，可是药出了什么问题？原来是胡庆余堂新换了个药柜，使药物串味了，这盒药的味道便有些不对劲。胡雪岩连忙向这位顾客致歉，并吩咐店员更换新药。不巧的是，这种药恰好已经售罄，亟待赶制。考虑到这位顾客并不是本地人，来一趟不容易，胡雪岩便邀请他留宿几天，在三天内赶制出新药，让顾客带着新药再离开，顾客很高兴，满意而归。

第三，店员要热忱待客。胡庆余堂本着"一切从顾客出发"的理念，一直热忱地对待药堂的顾客。胡庆余堂夜间也是不打烊的，每夜都安排药工值班，等待敲门问诊的顾客光临。在寒冷的冬日，气管病在人群中频发，因此夜间总有患有气管病的顾客来到胡庆余堂问诊。每当这时，值夜的药工就会非常热情地招待顾客来药堂里坐会儿，并当场为顾客熬制鲜竹沥。熬制鲜竹沥是一个颇费工夫的活计，他们需要取出新鲜的淡竹，将其劈开，放在炭炉上，用文火慢慢地烤，这个过程通常要延续两个小时。等到淡竹上慢慢地渗出了竹沥，就可以拿草纸对其进行过滤，将熬好的鲜竹沥给顾客服用。不管顾客多还是少，是白天到访还是夜间到访，胡庆余堂的员工对待顾客都是一如既往地热情和细心，为顾客提供热忱周到的服务。

（三）经营以"诚"为重

俗语说："君子爱财，取之有道。"商人做生意求"利"，天经地义；商人做生意讲"义"，聚财得利。胡雪岩深知，做生意要获得利润，必须将经营建立在诚信的基础上，诚实守信是经商的根本。"诚信"成了胡庆余堂经营成功的法宝。

在胡庆余堂初创的时候，老板胡雪岩便亲手为药堂题了一块牌匾，上面写了"戒欺"两个大字，以期能够提醒药堂中的员工，时时刻刻诚信待客。为了能够更好地贯彻"戒欺"的原则，胡庆余堂还推出过一个非常有意思的活动，这个活动的名称叫作"活鹿广告"。胡庆余堂让药堂的员工穿着工作服，抬着一头活鹿，在街上敲锣打鼓地宣传一番，再回到药堂，当众将这头活鹿宰杀，将其投入药丸制作的过程当中去，向群众展示了药堂制作全鹿丸的过程。这番景象一传十，十传百，胡庆余堂货真价实的诚信招牌便在人民群众当中打响了。

另一块牌匾"真不二价"同样备受关注。据悉，"真不二价"这四个字源自一个典故。据说中国古代有个医者，名叫韩康，他精通医学，靠采药卖药为生。当时，贩药者经常用劣药以假充真，顾客因此也爱就药材、药品讨价还价。然而，韩康不允许顾客对他售卖的货真价实药品进行价格商谈。说来也怪，病人吃了韩康的药，基本药到病除，就这样口口相传，"真不二价"也就传开了。同理，胡庆余堂坚持"真不二价"也是如此。

彼时冬天，胡庆余堂刚刚开业没有多少时日，且冬天寒冷，人们容易生病，这本来应当是药堂生意的旺季，但是胡庆余堂的营业额却未能达到预期。这样的反常现象引起了药堂经理余修初的注意，他暗中多方打探，发现是药堂的竞争对手叶种德堂调整了经营策略。叶种德堂为了招揽客源，降低药品价格开展价格战，利用人们爱占小便宜的心理来招揽客源。部分药堂看到叶种德堂生意好，便也纷纷效仿其做法，降低药价。余修初非常着急，询问老板胡雪岩是否应当降低药价，与叶种德堂展开正面对抗。胡雪岩认为不应当采取这种做法，因为"真不二价"。叶种德堂的药是便宜，可药的价格一定要高于成本，商家才有钱可赚。药的价格低，成本更低，那么药效就不会好。虽然胡庆余堂的药价格高，但是成本也高，药效好。如果顾客想要的是药的效果，那么必定还是会来买胡庆余堂的药。所以胡庆余堂就可以以不变应万变。果然，胡雪岩的预测是对的，顾客的心里自有一杆秤，药的效果好不好，顾客用了以后最清楚。由于胡庆余堂药品质量上乘，药效好，从此顾客盈门，生意红火。

第二节　洞悉市场　发展之道

一、毛源昌的发展历程

毛源昌创建于清同治元年（1862 年），可以称得上是我国眼镜行业的百年老店。毛源昌的经营风格是高品质、讲信用、实价格，它的经营理念为"真心、真价、真服务"，在经营的过程中注重品质、技术、价格、满意，形成了"眼镜＝毛源昌"的好口碑。咸丰年间，杭州太平坊一带（今杭州中山中路上）有一家詹志飞开设的詹源昌号，经营玉器和眼镜，后来由于玉器生意萧条而无力维持，濒临破产。同一时间，绍兴人毛四发托盘提篮，沿街出售眼镜，有了一定的积蓄，看到詹源昌号的处境之后，就盘了过来。毛四发喜欢店名中的"源昌"两个字，就只改了姓，挂出了"毛源昌号"的招牌。这一年就是清同治元年（1862 年），毛源昌眼镜正式诞生，由此开始了迄今接近 160 年的发展历程。

盘下了店铺以后，毛四发在维持玉器和眼镜经营的基础上，又增加了钟表。不久，毛四发发现玉器生意远远不及眼镜和钟表，于是就有意减少玉器，增加眼镜和钟表销售。就这样，毛源昌慢慢地成为售卖眼镜的专营店，完成了定位的重要变革。当时是前店后厂形式，毛四发自己主管生产，请人来掌管店铺事务。

毛源昌号的第二代传人毛守安去世后，由其学生赵光源、顾叔明等协助其子毛蓉莆管理店务。工人实行计件工资，每磨镜片一只，据镜片的深浅，得洋四角到八角，装配片架的工作由店员担任，月薪九至十余元。其经营方式灵活多样，除在店中接待顾客外，还积极拓展销售途径，如上街叫卖、考场兜售、上门服务……服务方式多样化且十分周到，因此生意蒸蒸日上，盈利非常可观。年底结算时实行店主拿利润、职工分花红的分配方法。

当时眼镜尚属比较珍贵的物品，只是一些官宦、盐商等有钱人用来装饰或养目才使用的，市场十分狭窄。眼镜品种也比较少，只有铜边眼镜、茶晶眼镜和水晶眼镜。随着时代的发展，眼镜逐渐走向普及化，不再只是少数文人墨客的专用饰品。毛源昌眼镜为了适应市场的需求变化，增加了产品品种，除生产销售传统的眼镜品种外，还生产科学眼镜，多材质镜框装配的平光、散光和近光眼镜（即今平光、老视和近视眼镜），毛源昌还以出售真水晶眼镜出名。

在晚清时期，毛源昌以讲究信用、货真价实、童叟无欺赢得消费者的认可，凭借"真心、真价、真服务"驰誉浙江、江西、福建、安徽、江苏等省。

毛四发的曾孙毛鉴永（1911—1983 年）出生之后不久，伴随着反袁风暴的兴起和丧权辱国的"二十一条"的签订，全国开展了抵制日货运动。1927 年，16 岁的毛鉴永赴上海兴华眼镜公司学习，当时实业救国的热潮极大地影响了他。三年之后，毛鉴永回到杭州执掌店业，开始了大胆的革新。

一是改革先辈的做法，取消聘请代理人来管理门店，由自己亲自管理门店的财务、人资等，将门店的经营权掌握在自己手里。

二是转变手工作坊经营模式，购置一些先进的设备。因为当时近视眼大量增加，近视眼镜的需求大增，原先落后的手工操作方法已跟不上社会需求的发展变化。20世纪30年代，他在美国AOC工厂订购了一台验光仪和一套磨光设备，结束了毛源昌使用脚踏木制砂轮打磨眼镜的时代。在镜片制作方面，毛源昌以其精湛的工艺技术、优良的品质，被誉为杭城一绝。

三是优化服务质量，要求店员和学徒对顾客诚恳热情、老少无欺。毛源昌号的眼镜镜片都刻有暗号，以作识别。凡属店中卖出去的眼镜，如遇顾客提出问题，只要不是人为损坏，一概负责调换修理，服务十分周到，树立了良好的业界口碑。

四是加强品牌宣传。当时《东南日报》《浙江工商报》《浙江工商年鉴》上刊登的毛源昌广告有："别家没有的眼镜我有，别家没有的设备我备""光线绝对正确，式样自然美观""毛源昌验光最准，毛源昌货色最好，毛源昌价格最便宜，毛源昌交货最及时"等。这些广告宣传极大地提高了毛源昌的知名度。

五是开展批发业务。毛源昌与各地中小眼镜兼营者建立了良性的批零关系，还拥有一批托盘设摊的小贩。毛源昌每年在春秋两季销售最为兴旺。

六是在店内对职工分配实行"柜川制"，营业盈利多，大家提成就多，水涨船高，以鼓励职工的积极性。

由于毛鉴永实行了这一系列的改革，毛源昌在激烈的竞争中逐渐登上同行之首。在20世纪30年代初期，毛源昌的资产已占当时杭州共六家眼镜店号总资产的44%。当时，报纸上有一则广告说"毛源昌是浙江眼镜业的领袖"，绝非夸大其词。

1937年7月7日全面抗战爆发，12月杭城沦陷，毛鉴永将店迁往金华，当时仅有职工8人，木制脚踏砂轮1台，经营验光配镜。1942年，日寇流窜金华，毛源昌又迁往松溪、浦城、龙泉等地，最后在龙泉立足。这一阶段经营十分艰苦，毛鉴永靠微薄的收入生活。由于战争，毛源昌陷入困境，店员不断减少，濒临倒闭。

1945 年 8 月,日寇宣布无条件投降,毛源昌即于当月迁回杭州,筹集资本,装修门面,添置机器设备。店内设立验光室,专为老视、近视的购镜者验光,以求光度正确,又加强宣传,重新树立形象。此时,毛源昌号无论是备货、设备、售价、工艺乃至服务都具备相当实力,为杭城眼镜业(当时杭州的眼镜业尚有四家:毛源昌、明远、可明、晶益)之首。

杭州解放后,毛鉴永于 1950 年 10 月向人民政府注册登记。当时毛源昌号的资本总额为 7300 万元(旧币),有职工 11 人,勤工 1 人,经理为毛鉴永,股东为曹麦华、毛鉴永、毛鉴清。

1956 年公私合营时,由瞿晋耜任公方代表,毛鉴永、吴元墩为资方代表。同年,明远、可明、晶益眼镜店合并改为毛源昌眼镜厂,仍设在中山中路毛源昌眼镜号原址,由杭州市中百公司领导。毛源昌眼镜厂成立后,抽调工作人员,招收学徒工,那时全厂职工发展到近 100 人。

1958 年 4 月,杭州毛源昌眼镜厂改名为杭州眼镜厂,在庆春街、井亭桥、中山中路设立三个门市部,在教仁街设批发部。杭州眼镜厂为了改变只能磨制镜片不能生产镜架的落后状况,增设玳瑁作坊(镜架车间前身),自制玳瑁架,既解决了采购困难的问题,又降低了成本,减轻了消费者的负担。从此,毛源昌结束了眼镜架本省不能生产,只能依赖上海、苏州等地供应的历史。同时,杭州眼镜厂对磨镜的劳动组织进行调整,实现集中生产,还添置磨片车 4 部,产量明显提高。镜片产量从 1 月份的 1200 副,提高到 12 月份的 4100 副,满足了市场的需求,工厂也进入发展的全盛时期。1958 年 9 月,杭州眼镜厂改组为杭州光学仪器厂,划归杭州市轻工业局领导。后来又几经拆并,至 1984 年 10 月,杭州市人民政府根据对外开放的需要和杭州城市的特点,决定恢复建立杭州毛源昌眼镜厂,委任李祖录为厂长。上任后,李祖录首先依靠科技进步实行技术改造,翻建磨片车间,修复和改装了一大批长期处于瘫痪的机器设备,引进高速出坯机,提高磨片能力,淘汰了磨片工人长期抱怨的氧化铁红抛光材料,净化生产环境,改善劳动条件,从而提高劳动生产率。然后对市场进行仔细的调查和分析，淘汰了单调落后的赛璐珞架生产线，跃过二代醋酸纤维生产，在国内较早地建立起金属架生产线。金属架产品的试制成功，受到社会各界的好评，被浙江省轻工业厅列为 1986 年"名优新特"产品，荣获"金鹰奖"，此后连续三年（1987—1989 年）被授予省市优秀"四新产品"奖。

1987 年，杭州毛源昌眼镜厂实行行业归口，工厂建立起以厂长为中心的行政指挥体系，精简机构，实行两级经济承包责任制，有效地促进了国民经济计划的完成。到了 1989 年，毛源昌生产总值为 141 万元，创造税利 107 万元。20 世纪 80 年代，毛源昌凭借精湛的技艺、优良的服务再次确立了自己眼镜行业的龙头地位，在浙江眼镜行业中再次卫冕了"眼镜 = 毛源昌"的美名，再现了百年品牌的璀璨光芒。

1992 年，杭州毛源昌眼镜厂和新加坡信义光学有限公司合伙成立了杭州毛源昌信义光学眼镜有限公司（中外合资），当时其湖滨门市部是杭州最大的眼镜店，营业厅内经常人头攒动，达到历史的高潮。

随着眼镜市场的竞争日趋激烈，新兴了很多品牌，比如本土的大光明、台湾的宝岛，还有平价的菲狐等，毛源昌受到了严峻的挑战。毛源昌选择坚持走中高端路线，和主打平价的菲狐形成了差异化竞争，从而在杭州确立了毛源昌、宝岛、大光明三大高端品牌鼎立之势。为了迎合新一代年轻消费者对眼镜时尚特性和价格的多样需求，毛源昌推出款式新颖、外形时尚的镜架，以匹配未来的消费群体。毛源昌还进行了几次大规模的技术改造和设备更新，让自身的生产能力和产品质量都有了质的提升。毛源昌在杭州市区开设了 10 多家连锁店，经营很多世界品牌的眼镜和毛源昌产品，全国有近 70 家企业加盟了毛源昌。毛源昌品牌效应得到了充分的展现，企业规模在浙江省眼镜行业中名列第一。

二、毛源昌的发展之道

数百年来，"毛源昌"三个字已经成为杭州几代人心中眼镜的代名词。

如今，这家老字号"毛源昌"坐落在西湖边一座不起眼的四五层小楼里。虽然没有气派非凡的门面，但一个多世纪的经营历史，到底是有些讲究的，就连围墙上层层叠叠的爬山虎，亦沾染了些历史气息。随着行业竞争愈演愈烈，这股子气息而今更多的是透着一种落寞。事实上，这也是许多老字号面临的共同困境。历经时代的变迁，历史成为一种荣耀，但也成为变革和发展路上的障碍。破立之间、取舍之下，什么应该继承，什么应该放弃？"毛源昌"也在等待新一轮的变革和发展。

（一）迎接新时尚、新科技

拥有着深厚历史积淀的毛源昌，并没有故步自封、裹足不前。在行业多变的今天，毛源昌主动尝试新形式，不断寻求最符合自身的发展方式。

在供应商的选择上，毛源昌优先选择大品牌来合作，其次是双方的经营理念要一致，产品质量过硬。于是，符合条件的 PORTS EYEWEAR 就赢得了毛源昌的青睐。毛源昌从 2000 年便开始与 PORTS EYEWEAR 成为合作伙伴。多年来，双方相互学习，共同进步。最让毛源昌觉得必须坚持与 PORTS EYEWEAR 合作的原因是：PORTS EYEWEAR 能将它最受喜爱的优雅风格不断传承，不改初衷，让经典的图案成为最佳代名词，并以敏锐的时尚嗅觉准确把握每年的时尚元素，将最新潮的时尚因子融入眼镜设计中。

（二）用专业征服消费者

在毛源昌总部的楼下，有一个很不起眼的服务部。就是这样一个深藏于民居里面的服务部，一个月的营业额能达到 15 万到 18 万元，整个服务部的工作人员只有一个人。据说，来这里的消费者都是毛源昌忠诚的老客户，有的住在很远的地方，为了配镜专程过来。这种客户黏性，靠的就是专业性。

毛源昌内部有着明确的晋升阶梯，考核跟职业生涯挂钩。值得一提的是，每一个毛源昌门店的员工都必须从最普通的销售员做起。毛源昌上下所有的员工不但要接受公司内部的培训考核，供应商也会不时地过来进行培训。PORTS EYEWEAR 就是一个典型的代表。PORTS EYEWEAR 在每年新品发布上市后都会定期由市场督导前来进行产品培训。培训形式用情景模拟的方式呈现，对于新的结构，还会有拆装练习。而且培训内容是经过严密布置的，包含了每一年的眼镜流行趋势、搭配和陈列等方面内容。为了确保培训的效果，课后培训师会在微信里解答疑惑。

除了传统的讲师授课，毛源昌还会在线上开设微课，把课程拍成视频，对一些新结构、新材料做详细讲解，让店员可以用碎片时间进行学习。总之，"授人以鱼，不如授人以渔"，毛源昌尽最大可能让一线销售人员能够掌握最新的销售知识。

（三）细化市场，争夺年轻消费者

毛源昌的客户中，40 岁以上的约占 70%。客户群主要有两类：一类是五六十岁的忠实客户，对毛源昌一直很信任；另一类是十七八岁以下的客户，受家长影响消费。而中间部分二三十岁的消费者对毛源昌不是很了解，"对毛源昌有误区，认为它比较老"。

毛源昌要发展，既要保持自己的专业性，又需要创新吸引年轻客户群体。于是，毛源昌投资一个多亿更新设备，对店面进行装修，培训店员的服务意识，最关键的是加大了研发力度。原来毛源昌老视镜占有的市场份额比较大，后来进行资源整合、研发转型，又增加了 6 个产品线。现在毛源昌自有品牌不但有老视镜，还有太阳镜、金属镜架、眼镜片等。

不仅如此，如今毛源昌在全国有大约 300 家门店，其中浙江有两百七八十家。每家门店在经营上都有差异，精品旗舰店、社区街铺专营店和商场快时尚店，是毛源昌开店规划的 3 种标准。旗舰店，比如毛源昌湖滨店，店面面积为 $800m^2$—$1000m^2$，走高端、时尚路线，每个城市也就一两家，产品定价在 1000 元以上，甚至几千上万元。社区街铺专营店，店面面积为 $80m^2$—$100m^2$，对顾客的工作、眼镜用途等各方面进行了解，根据眼睛状况和各方面需求提供方案；销售过程传统，但要进行眼检，配合度数，尤其是隐形眼镜的配置要充分考虑消费者眼部状况；除了配镜，还提供眼镜保养、维修等服务，主要在社区附近。而商场快时尚店则是针对 30—35 岁的年轻人，走快时尚、轻奢侈的路线，主要以开架为主，自主挑选。

毛源昌见证了风雨，见证了历史变迁，依然可以做到屹立不倒。究其根本，在于保持一份简单的、崇尚光明的匠心，在互联网时代焕发新的活力。期待毛源昌下一个百年的辉煌历史。

第三节　突破旧式　创新之道

一、都锦生的发展历程

"都锦生"既是人名，又是工厂名，更特指一种工艺及其制品，同时，也是一种精神。

都锦生（1897—1943 年），号鲁滨，杭州人。都锦生人如其名，就是一个为织锦而生的人。他早年在浙江甲种工业学校机织科读书，在上学期间刻苦钻研设计、织造技术，掌握了全套新式丝织工艺。毕业后，都锦生留校执教，在担任纹制工场管理员的同时兼任图案画老师，此外还在杭州奎元巷女子职业学校担任图画老师。当时社会掀起了抵制日货、振兴民族工业的热潮，都锦生也努力钻研，以实现实业救国之愿。经过数不清的试验，1921 年，都锦生终于织出了世界上第一幅风景织锦画《九溪十八涧》。之后他决定辞职办厂，迈出了实业救国的第一步。

1922 年 5 月 15 日，都锦生在茅家埠都宅门口挂起了"都锦生丝织厂"的招牌，当时只有一台机器和一位师傅。起初，都锦生在家门口摆放样品，吸引顾客。很多从城里去灵隐、天竺的人喜欢坐船先到茅家埠，由于都锦生家就在船埠的旁边，人们上岸一抬头就能看见这块牌子。从来没有见过丝织风景画的人们纷纷驻足，观赏、赞赏并购买留作纪念。

为了扩大销售，都锦生又在中山公园租亭设摊，之后还在人流量大的花市街设立营业所。1925 年，都锦生在上海开设了以批发为主的门店，打开了产品的销路，既为丝织产品在国内站稳脚跟奠定基础，也为产品打入国际市场搭建了平台。1926 年，都锦生已经拥有 100 多名职工和 100 台左右机器，成为一家初具规模的工厂。1927—1930 年，是都锦生发展的高峰时期，公司无论在规模、技术、花色、品种，抑或销售方面，都达到了中华人民共和国成立前的最高峰。

1926 年，美国费城国际博览会上，都锦生产品引起轰动并获金奖，特别是丝织唐伯虎《宫妃夜游图》，被誉为"东方艺术之花"。都锦生的风景织锦成为中华民族工艺的珍宝，被赞誉为"天上云霞，地上鲜花，中国工艺品的一朵奇葩"。都锦生的产品远销欧美，闻名中外。

都锦生的产品一般要经过将近 60 道手工工序才能完成，难能可贵的就在于都锦生始终坚持传统手工工艺。在坚持传统的基础上，都锦生还不断创新，突破以黑白丝织造的传统方式，采用黑白丝和五彩丝织造；试制五彩台毯、领带缎、内衣布及其他日常用品，质量方面甚至赶超了著名的南京云锦；销售方面，都锦生说服华北的旅店使用丝织画作装饰，为公司带来了大量订单。

在坚持传统与努力创新的同时，都锦生还不断到国外取经，学习更多的宝贵经验。民间趣传都锦生"东天取经"的故事，说的是都锦生去日本考察，发现日本女孩子手里撑着的阳伞非常精致，为了观察，便一路跟踪想看清伞的构造，结果却被误会。他被告品行不端正并入狱，后来幸得房东保释才出来。都锦生回国以后，就地取材，选用浙江淡竹，将竹筒劈成 32 根伞骨，伞面上绘有"西湖风景"的图案，晴雨两用，轻巧便携，又具有极强的观赏价值。这样的伞销往国外之后，订单像雪片一样飞来，"西湖绸伞"由此闻名天下。除了日本，都锦生还去了菲律宾。在菲律宾，都锦生受到了国王和王后的接见，这在当时算是最高规格的礼遇了。关于都锦生菲律宾之行的收获，民间有这样的说法：都锦生带了很多丝织风景画和国画漂洋过海到菲律宾，精美的丝织品让国王和王后惊叹不已。他在菲律宾住了三四个月，没有签订一份合同，却自称是"满载而归"。回国之后，他决定开办一所都锦生职工义校。原来，在马尼拉期间，他受到陈嘉庚热心办学培养人才的启发，认定只有培养出一流的设计织造人才，中国的丝绸业才能跻身世界先进之列，这正是他此行"满载而归"之处。

1927年，已经发展到中等规模企业的都锦生丝织厂从茅家埠搬迁到艮山门。艮山门在当时不仅是丝绸云集的地方，也是杭州水陆交通的枢纽，迁址为都锦生带来了更大的发展空间。至1931年，全国13个大城市都开有都锦生的门市部。

1931年，"九一八"事变后，都锦生为了抵制日货，停止购买日本生产的人造丝，改用意大利和法国的人造丝。1937年8月，日本飞机轰炸了杭州，都锦生丝织厂被迫停工，12台手拉机转移到上海法租界，仅维持小规模的生产。12月，日军占领了杭州，想委任都锦生为伪杭州市政府科长，遭到了都锦生的严词拒绝。日军恼羞成怒，洗劫了茅家埠都锦生住宅，放火烧毁了都锦生丝织厂。之后，都锦生到上海建造厂房，继续生产。1941年太平洋战争爆发以后，日本占领上海租界，都锦生丝织厂倒闭，此时重庆、广州等地的门市都先后被日军炸毁。悲愤交集的都锦生在1943年5月于上海病逝，年仅46岁。在人生最后的岁月里，都锦生时刻记挂的就是等抗战胜利以后，再把丝织厂重新开起来。都锦生去世以后，子女年幼，夫人宋剑虹请弟弟宋永基接管该厂。1933年，宋永基刚从宁波高级商科职业学校毕业，在都锦生丝织厂担任稽核部主任；1940年赴上海大厦大学商学院会计系学习；都锦生去世后，宋永基终止学业，接手管理工厂。1944年，宋永基在杭州、上海开设两处营业所。1945年抗战胜利以后，丝织厂勉强维持经营，靠借贷度日。

1949年杭州解放以后，据现存的档案，当时都锦生丝织厂在杭州艮山门火车站旁，有杭州、上海两处营业所，手拉机34台。这一时期，工厂曾一度宣告停产，后来在党和政府的支持下重现生机，但仍发展艰难。

1954年，都锦生丝织厂公私合营；20世纪60年代，企业改名为东方红丝织厂；1972年，根据周总理的指示，企业改名为杭州织锦厂；1977年，企业做了一些必要的改革，建立了正常的生产秩序；1980年，调整了产品方向，设计和生产了很多旅游产品，满足旅游事业的需要；1983年，企业恢复了杭州都锦生丝织厂的名称；2001年，企业改制为杭州都锦生实业有限公司。如今，在国内都锦生无论是在生产规模、花色品种或者工艺复杂度上都名列前茅。

由于都锦生的产品工艺精细，又能体现中华民族的文化特色，很快成为旅游品市场和礼品市场的首选。党和国家领导人多次把都锦生产品作为赠送外宾的国礼。美国前总统克林顿获得都锦生为其专门织造的织锦肖像后，写亲笔信表示感谢；庄则栋赠送美国运动员都锦生风景织锦而拉开中美乒乓外交的序幕。

1995年，企业筹集资金百余万元，建立了中国第一家织锦主题博物馆——都锦生织锦博物馆。织锦博物馆共设六大展厅，分别是织锦历史厅、工艺流程厅、像景织锦厅、装饰织锦厅、都锦生织锦过程与现场示范和参与、古代织锦实物，都锦生织锦博物馆让都锦生在杭州、中国、世界丝织业史上写下了浓墨重彩的一笔，成为杭州丝绸的重要标识。

自企业转制以后，都锦生迈入了新的发展阶段。都锦生在产品上不断推陈出新，形成以景织锦、装饰织锦、服用织锦为代表的三大系列，有1600多种花色品种；都锦生还创新性地将丝织装饰工艺品与现代生活结合，让自己的品牌成为杭州高档丝绸的代名词，"买高档丝绸到都锦生"已成为杭州丝绸消费者的一种消费习惯。都锦生每一道工序都有自己独特的工艺，还不断融入现代信息技术，研制出新的工艺，带领产品不断进步。现在，都锦生已经发展成国内最大的丝织工艺品生产出口企业，同时也是我国规模最大的丝织生产基地。以都锦生为代表的杭州织锦技艺被列入"第三批国家级非物质文化遗产代表作名录"，这是对都锦生最好的肯定和褒奖。

二、都锦生的创新之道

都锦生织锦之所以能在国内和国外受到广泛的认同，源于都锦生大胆的风格创新、工艺创新。都锦生认识到，要有所突破，必须以开阔的视野面向市场，走加快产品研发和创新的道路。

都锦生利用传统审美的特征，吸收了传统风景织锦和西方像景织物的精髓，兼收并蓄、博采众长。丝织艺术发展在民国时期经历了无与伦比的中西文化大碰撞，大众的消费观和审美观在这种碰撞中发生了革命性的转变。像景织物源于欧洲，后传入日本。都锦生在访日期间，从日本像景织物中获得了灵感和启发，开始着手创作具有中国特色的像景织物。美国费城国际博览会获奖之后，都锦生对法国的棉织油画风景进行了深入的技术拆解和分析，在此基础上借鉴法国棉织油画风景的技法，研制出油画质感强烈的《白海石塔》，轰动一时。这种博采众长式的改造，既反映了丝织行业发展历史背景的变迁，也十分迎合转变中的公众审美观念。当然，这种创新并非凭空虚构，而是从中国传统织锦的历史积淀中寻找契合点。中国较早就出现了主题为西湖风景的风景织锦，杭州在清代就有"西湖十景"的丝织作品，钱塘人厉鹗在《东城杂记》中提到清代有一种织物被称为"织成西湖景"。都锦生织锦很多取材于杭州的本土风景，他的创意正是来源于传统风景织画，将中国传统风景织锦和西方像景织物的精髓巧妙地结合在一起。

都锦生把织锦优秀传统文化与现代纺织业结合起来，帮助高雅艺术寻求市场的认同，既实现了艺术品的产业化生产，也使日用品的艺术价值不断提高。这样的举措在行业中可以称得上是历史性的变革。都锦生十分重视中国的传统文化元素，善于根据国人文化心理的特点，选择极具民族吉祥文化意味的形式来展现自身的作品。我们可以发现，在都锦生织造的作品中，除了主流的西湖风景之外，更多的是表现福、禄、喜、寿等民间愿望的作品。除了将传统文化与现代文化融合，都锦生还运用传统技艺和现代手法，将都锦生织锦运用到服饰等日用品中去，在满足大众审美需求的同时，也促进了艺术品的市场推广。可以发现，都锦生这一品牌旗下产品的重要标签就是高雅的艺术品，而这些产品除了具有艺术品的属性之外，也是日常生活用品。除了丝织的画卷是纯粹具有观赏性的艺术品，都锦生旗下还有很多丝制的日用产品，譬如领带、地毯、衣裤、手袋、扇子、雨伞等，这些都是人们在日常生活中经常使用的产品。如当时风靡一时的女士手袋，就是都锦生的创举。手袋设计的初衷原本是为了节约原料，但是后来独具匠心地绣上兰花、翠竹等花卉，然后在报纸、杂志上宣传，其市场反响极佳。与此同时，都锦生创造性地在日用品中融入特别的构思和创意，使其成为具有艺术价值的工艺产品。

都锦生非常重视传统工艺与先进技术的结合，力求实现工艺上的创新。中国传统丝织行业由于长期使用手工织造，生产效率不高，产品瑕疵较多，同时织物的细腻程度也受到影响。而近代工艺的改进，有效地解决了这一系列问题。都锦生意识到传统手工织造衰落的历史已经无法挽回，因此有必要借力先进生产技术，继续挖掘传统工艺特色。在创办丝织厂后，都锦生引进日本的贾卡提花织机、法国的全铁电力机，发挥机械生产的优势，提高织造效率，这为传统工艺与先进技术的结合并创作设计一流的作品提供了坚实的技术支撑。

都锦生丝织厂在抗日战争期间受到了毁灭性的破坏，但都锦生的织锦工艺还是保留了下来。中华人民共和国成立后重建的都锦生丝织厂，继续传承历史传统，并注重融入新的时代元素。随着社会的发展以及大众审美水平的提高，人们越来越青睐高档工艺品。有鉴于此，都锦生丝织厂更加重视面向消费者的产品开发，在不断创新织造工艺、渲染艺术效果的同时，积极主动地运用现代设计理念进行创新开发，使产品满足更高层次的市场需求。可以看到，中华人民共和国成立以后，都锦生丝织厂没有故步自封，而是根据时代的变化，不断进行产品创新，将新的时代理念融合到作品的设计和制作当中，无论是产品的体裁样式还是表现出来的风格，都和中华人民共和国成立前有很大的区别，在保持都锦生一脉相承、原汁原味特色的同时，也体现着不同的时代气息。

为了满足多元化的艺术追求，都锦生利用现代元素转变作品的风格。具体包括：都锦生丝织厂将古老的丝织工艺和现代西方油画艺术完美地结合在一起，创新出更多富有时代色彩的作品，如凡·高的《向日葵》、达·芬奇的《蒙娜丽莎》等作品；在生产原料上，打破单一使用蚕丝织物的传统，逐步增加对天然丝、人造丝、合成纤维等新型材料的利用，这不仅降低了原材料成本，而且赋予了都锦生织锦更浓郁的时代感；在艺术表现手法上，都锦生丝织厂着力探求更具有时代特征和生活特征的艺术美感形式以及更富有民族特色的表现手法，特别是注意吸收传统织物技艺的精华，将织锦、刺绣、棉织等各种技艺相结合，综合运用写实、浪漫主义、现代主义等风格的表现方式，从多个维度诠释了织锦的含义，从而满足客户对产品多样化的需求；在生产工艺上，都锦生丝织厂与浙江大学、浙江丝绸科学研究院合作研究，开发黑白像景纹制的自动化技术，实现了技术引导下的工艺改良，大幅提高了生产效率。此外，都锦生丝织厂还设计开发了意匠图的计算机读入系统，实现了对传统意匠设计工艺的保存和传承；在价值转变上，都锦生丝织厂完美地将织锦与现代生活结合起来，推动工艺价值向经济价值的转变。都锦生丝织厂从市场出发，充分挖掘出杭州丝织产业的独特优势，结合丝绸业悠久的历史传统以及本地繁荣的旅游业，为丝织产业开辟出了广阔的游客市场。都锦生丝织厂专门为游客市场设计了一批具有杭州特色的产品，这些产品将杭州当地的民俗风土人情体现得淋漓尽致，西湖主题的纪念品是当中的杰出代表。都锦生开发的挂历、年画、屏风以及《西游记》人物系列、《红楼梦》人物系列、奥运五福娃、京剧脸谱等一系列装饰品，都极富东方文化的古典韵味和时代气息，深受市场欢迎。诚然，都锦生丝织厂能重获新生，就是因为其在不断寻求变革和创新。

第四节　文化创牌　成功之道

一、楼外楼的发展历程

楼外楼菜馆的始建年份有争议，有清道光、同治、光绪三说，其中清道光二十八年（1848年）一说认可的人最多。老店楼外楼以"佳肴与美景共餐"驰名中外。

楼外楼的创始人洪瑞堂是清朝的落第文人，他和妻子在双亲去世以后由绍兴迁居钱塘，在孤山脚下的西泠桥畔划船捕鱼为生。由于他们来自鱼米之乡的绍兴，所以非常擅长烹调鱼虾。这一带没有餐饮店，他们稍有积蓄之后就开了家小菜馆，店铺就在俞楼和西泠印社之间。

"楼外楼"这个名字的由来与一句诗密切相关，这句诗便是"山外青山楼外楼"。有一种说法认为，楼外楼的店主看到了这句诗，大受启发，于是就直接用"楼外楼"为自己的菜馆起名；而另一种说法认为，这个菜馆建在俞曲园先生的家门前，俞曲园先生是颇负盛名的学者，店主仰慕先生的才名，于是请先生为自己的菜馆取名，俞先生考虑到菜馆和自己家的地理位置关系，便为菜馆取名为"楼外楼"。不管这两种说法哪一种是真实的，都为这个菜馆增添了人文雅兴，为后来楼外楼菜馆确定"以文兴楼"这一策略埋下了伏笔。

烹饪技艺的高超加上重视与文人交往，使楼外楼名气越来越大。当地和外地的文人都把这里作为首选菜馆，加上位于西湖边的优越地理位置，浓郁文化氛围的楼外楼生意十分兴隆。

1926年，楼外楼的传人洪顺森为了扩大经营规模，于是开始扩建楼外楼，配备了电扇和电话的三层洋楼让楼外楼在当时颇具现代气息。这次扩建是楼外楼打开名气的关键，从此吸引了许多文人墨客光顾楼外楼，包括鲁迅、郁达夫等，还有许多名流政要来光顾，譬如蒋介石、孙科等。

国民党败退以后，杭州获得了解放，楼外楼也面临新的发展机遇。中华人民共和国成立以后，随着三大改造的推进，楼外楼也顺应时代发展的形势，在杭州市政府的支持和政策的扶持下，于 1955 年开始公私合营，取得了良好的成效，许多特色名菜在此期间重新面世。在开启公私合营的第二年，浙江省政府对杭州名菜进行了盘点和认定，在这次盘点中一共认定了 36 道杭州名菜，其中楼外楼一家菜馆就独占 10 道。这 10 道名菜分别是西湖醋鱼、龙井虾仁、西湖莼菜汤、火蹱神仙鸭、排南、宋嫂鱼羹、叫化童鸡、东坡焖肉、干炸响铃和火腿蚕豆。

以前的楼外楼是两层楼砖木结构，年久陈旧，20 世纪 70 年代初期准备翻修。1973 年，周总理听说了楼外楼翻修这个消息，要求改建时照顾西湖风景和孤山的环境，不能太高太洋，要中西结合。1978 年 6 月，楼外楼开始翻修，于 1980 年 6 月竣工，7 月恢复营业。古朴端庄的建筑和周围景观极为协调地融合在一起。20 世纪 80 年代，楼外楼被列入体制改革试点，之后实行了承包和民主选举经理，90 年代末改制为由企业法人和职工共同持股的有限公司。在杭州西湖整治改造的同时，楼外楼先后 6 次进行装修，更加突出了自己的文化氛围。

二、楼外楼的成功之道

（一）把企业的经营个性定位在自身的历史文化上

每一个品牌的背后肯定会有独特的文化背景，这种文化背景可能是从历史当中产生的，也可能是从环境当中熏陶出来的。老字号在新时代的市场竞争中得以立足的重要基础，就是其独特的文化底蕴。

在 170 多年前，也就是清朝的道光二十八年（1848 年），楼外楼诞生了。从上文中我们可以了解到，"楼外楼"这个店名同宋代的一句名诗有着密切的关联，这使它与中国的传统文化融会在一起，说明楼外楼源于中国文化的孕育和滋养。

无论是清朝著名的诗人袁枚还是现代著名的文学家郁达夫，都曾写诗表达"江山都是需要'捧'的"这一观点。那么从这个观点当中，我们可以受到启发，既然连江山都是需要捧的，那么菜馆的发展更需要捧，它需要文化的宣扬，才能打开知名度。

在过去的170多年里，许多声名斐然的艺术家、文学家、政治家和科学家都曾光顾过楼外楼，并对其菜品和文化底蕴有过高度的评价，成就了一段得天独厚、人文荟萃的佳话。鲁迅、俞曲园、章太炎、宋庆龄、何香凝、吴昌硕、柳亚子、郁达夫等都曾在楼外楼流连忘返。在中华人民共和国成立以后，不少党和国家的领导人也来过楼外楼，譬如江泽民、李鹏等。周恩来总理光顾楼外楼的次数，达到了10次之多。此外，楼外楼还非常适用于外交宴请，2016年G20峰会期间，元首夫人午宴就设在楼外楼。

楼外楼的左邻右舍都是文化雅地。人文荟萃，风景优美，再加上中国文人名士素来喜好雅集，楼外楼不可避免地成了他们的首选之地。170多年来，有数不尽的政坛要人、文学泰斗登上楼外楼，在餐桌上推杯换盏，盛赞美景佳肴。他们即兴作诗，一唱一和，当兴致上来时，甚至要求店员呈上笔砚，挥毫泼墨，留下一幅幅书画。这些留下的珍贵墨宝和动人佳话，让楼外楼美名远扬。

现代社会，文化越来越成为事业发展的重要动力。从某种程度上讲，人文环境决定企业绩效和竞争力。在"以文兴楼""文化创牌"的实践中，楼外楼把企业的经营个性定位在自身的历史文化上，进而使先进的人文精神在百年老店得到进一步的激发和释放，迸发出劲猛的创业动力。

（二）临西湖而兴，因文化而盛

楼外楼非常注重挖掘自身具有的历史底蕴，其具备的文化优势是其在市场竞争当中屹立不倒的重要依靠。楼外楼始终秉承"以文兴楼"的营销理念，开展独具特色的企业文化展示活动。

楼外楼临西湖而兴，因文化而盛。楼外楼非常重视其内部环境的设计和布置，充分而合理地配置楼外楼所拥有的自然资源和人文资源，烘托出楼外楼特有的、浓厚的文化氛围。在楼外楼总店的大堂内，摆放着宋嫂的塑像，悬挂着苏东坡的诗句。如果我们从宴会厅的窗户向外望去，尽入眼帘的是湖中三岛，湖上架着石桥，杨柳依依，烟雨朦胧。

楼外楼还非常注重包厢的取名，请专家为这 50 多个包厢取了非常具有文化底蕴的名字，同时对菜馆的服务员进行培训，为他们讲解这些名字的含义，并要求服务员面对顾客时能够讲出这些名字的含义，从而宣传楼外楼的人文特色，使得楼外楼更加具有人文气息。无论是在楼外楼的餐厅里、包厢中还是走廊的墙上，都悬挂了许多与楼外楼相关的诗歌、书画以及历代名人光顾楼外楼所拍摄的照片，使得楼外楼的百年历史能够清晰地展示出来。

为了传承和弘扬我国悠久的饮食文化，从 20 多年前开始，楼外楼就致力于举办多种多样的饮食文化活动以及厨师手艺的切磋交流活动。譬如楼外楼举办的食品节，将我国东西南北各地的特色菜肴都汇聚于此集中展示，使人们能够充分感受到中华美食文化的博大精深、源远流长。楼外楼举办的交流活动涵盖的地区非常广泛，有浙江省内的，也有其他省份与地区的，甚至有亚洲范围内的，包括 21 世纪的中国与世界饮食文化的交流，这对于与各地的饮食文化相互交流借鉴、取长补短、博采众长，甚至做出创新，都有非常重要的意义。

在楼外楼的悠久历史中，无论是这栋楼本身，还是这栋楼中产生的一系列名菜、光顾过这栋楼的各路名人，都为楼外楼的光辉历史与人文底蕴添上了浓墨重彩的一笔。开发这类人文资源既是传承薪火、续写文脉的举措，也是名楼继往开来的历史责任。这些年来，为了更好地开发楼外楼的人文资源，楼外楼积极地举办各类文化活动，除了厨艺方面的比赛，还有文学方面的交流会，还有现场书画的集中展示。楼外楼还致力于书法作品和名画的收藏，至今已积累了几百幅藏品，每逢节日或是举办大型活动的时候，这些藏品就会被拿出来展览，让观众们一饱眼福，展现名楼风采。

改革开放以后，楼外楼之所以还能保持快速发展的势头，有其独特的内部原因，那就是将其深厚的人文底蕴与改革开放的实践充分结合起来，从而产生了巨大的助推效应。楼外楼邀请文化界的专家和学者，为楼外楼撰写和编辑了一系列专题书籍。这些书籍既包括楼外楼本身的介绍，譬如《中国杭州楼外楼》，包括楼外楼在诸多名人眼中的看法，譬如《名人笔下的楼外楼》，也包括楼外楼许多名菜的菜谱合集，譬如《杭州楼外楼名菜谱》，还包括楼外楼所珍藏的书画集锦，等等。在楼外楼创办160周年之际，组织团队编著了3部特大开本的精装书籍——《品味楼外楼·人文史话》《品味楼外楼·湖楼新韵》《品味楼外楼·名士佳肴》，从不同的维度整理了楼外楼的文化传统、创业历程、创新管理以及光顾过的历史名人等，并对这几个维度的素材进行了文化方面的挖掘。这些举措释放出来的文化效应不仅起到了宣传企业形象、提升名楼品格的作用，还能够充分地推动楼外楼商业经营的快速发展。此外，楼外楼还涉足影视行业，与浙江省的相关部门合作，投资数百万元拍摄电视连续剧，以期能够更好地宣传，提高楼外楼的知名度。

在"以文兴楼""文化创牌"的过程中，楼外楼始终重视人的主体地位，对下属员工的综合素质有非常高的标准和要求，也十分注重员工服务态度和服务意识的培养，倡导员工的自我价值在工作中得到充分的体现，使每个员工充分体会到楼外楼与其他企业的不同之处在于它与历史文脉相传承、与西湖名胜相交融的文化，以及在市场中的经营优势和所面临的挑战。特别是在当前所面临的全球新冠肺炎疫情对我国餐饮业造成严重影响的情况下，鼓励干部职工树立战胜危机的信心，用积极向上的文化力量来抵御危机，克服困难，积极应对，努力实现新发展、新跨越。

（三）"以文兴楼"是实施品牌战略的核心

品牌是楼外楼的重要标志，它是楼外楼在消费者心目当中形象的代表，它代表文化内涵，是楼外楼的市场竞争力的重要表现。通过它可以与消费者建立一种完全信任的关系。

如果有哪位杭州人的家中迎来了尊贵的客人，那么他作为东道主，一定会邀请客人到楼外楼去品尝正宗的杭帮菜。外地的游客认识杭州主要是通过两张名片，一张是西湖，另一张便是楼外楼。他们中的大多数人认为只有品尝过了楼外楼的美味佳肴，才算真正来过杭州。这说明楼外楼这一品牌早已深入人心，成为江南餐饮业的杰出代表，备受消费者的认可，甚至成为杭州烹饪水平的标杆。

楼外楼的品牌意识主要体现在两个方面：一个方面是楼外楼树立了"以文兴楼"的营销策略；另一个方面是楼外楼将自身推出的菜品打造成杭州名菜，积极树立品牌地位。无论是菜品的开发和塑造、店铺名声的打响，还是企业品牌的树立，在探索和建设的过程当中，楼外楼都越来越深切地体会到品牌在企业发展和市场竞争中的重要性。产品质量要想得到消费者的充分认可，企业要想得到消费者的充分信任，品牌建设是其中必不可少的环节。因此，楼外楼下定决心，在品牌建设当中锐意创新，为自身的品牌赋予崭新的内涵和鲜明的特色。公司领导班子经过认真的调查研究和市场分析，结合企业自身的发展现状理清思路，确定发展战略，那就是企业的经营不能单一化，而是要多元化，要依托楼外楼丰厚的文化底蕴，塑造良好的口碑和品牌。

名菜名宴是楼外楼品牌的主要部分。楼外楼始终把菜品宴席的品牌开发、质量提升作为打造和维护品牌的"重中之重"。楼外楼非常注重菜品的质量，不仅对菜品的颜色有非常严格的要求，而且非常强调菜品的香、味、形、质。此外，楼外楼非常尊重顾客的口味差异，为了给顾客提供多样化的菜品选择，非常注重菜品的开发和创新，争取为客户提供多种多样的菜品。除了那些传承百年的名菜以外，在最近几年的时间里，楼外楼就开发出了上百种创新特色菜品，还开发出了数种独具杭州特色的宴席。

其中最著名的就是东坡宴了。苏东坡与杭州有着密切的渊源，因此楼外楼就联系了同样与苏东坡颇具渊源的 4 个城市，达成合作，共同举办了一场东坡宴，并做了一个盛大的展览。这场宴会上一共展示了 55 道东坡菜，其中又精选 15 道东坡菜，组成经典东坡宴。这场东坡宴与以往的东坡宴大不相同，它不仅具有杭州的风味，还体现出了其他 4 个城市的地域特色和口感偏好。这些菜肴使用的原材料以及制作的流程和手法各不相同，其相同之处在于都和东坡文化有着紧密的关系，具备相似的文化背景。楼外楼为了让这场东坡宴呈现出更好的效果，还专门为其打造出一艘豪华的游船，泛舟湖上，东坡宴上所有的菜品都是在游船上的厨房里制作的。这艘游船面积很大，装饰得古典优雅，美轮美奂，但其基础设施却又非常现代化，这些要素给游客们带来良好的体验。游客们可以一边游览西湖的美景，一边品尝东坡菜，享受美味佳肴。此外，为了满足部分游客与大自然亲密接触的愿望，楼外楼还找来了一批摇橹船，供这些游客乘坐。春光明媚的四月天，楼外楼以"西湖船宴"飨客，让游客游弋在西湖碧波之上，陶醉在"佳肴与美景共餐"的意境之中。

经过了 170 多年的发展，楼外楼已经成为成熟的现代化企业，甚至还有下属的食品公司。楼外楼非常注重对食品公司进行科技支持，从国外引进了先进的生产设备，提升食品厂的现代化和竞争力。目前楼外楼下属的食品公司能够为母公司供应 30 多种产品，而且产品质量明显提升，实现了现代化的工业生产，使楼外楼的品牌更受用户欢迎。

楼外楼名菜经过一代又一代厨师的改良而名扬天下。在浙江省杭州市非遗保护办的推荐下，"杭州楼外楼传统菜肴烹制技艺"项目已成为省级"非遗"项目。

楼外楼自从 1988 年在澳大利亚、新加坡等地举办美食节，每年都会在国内外举行富有企业特色的美食节、食品节。举办美食节已成为楼外楼扩大品牌影响力的重要举措。

楼外楼始终坚持"以文兴楼""文化创牌"，将文化融于经营，推动企业良性发展，值得借鉴。

第 三 章
坚忍不拔的
创业精神

坚忍不拔的创业精神，是逢山开路、遇水架桥的"闯"，是水滴石穿、绳锯木断的"韧"，是锲而不舍、百折不挠的"干"。浙商正是凭借坚忍不拔、艰苦创业的精神，拓宽了民营经济的宽度，促进了浙江经济昨天和今天的繁荣，也将为浙江经济的未来注入更加磅礴的生命力。

第一节　敬业乐天　以勤为径

如果说，浙江商人有一个全世界都知道的特点，那一定是勤奋。勤奋的代名词就是"能吃苦"。浙江的商人，多数是白手起家，没有背景，没有靠山，但他们深知唯有勤奋才是成功的第一资本。他们做别人不愿意做的事，吃别人不能吃的苦，挣别人挣不了的钱。

一、坚忍敬业

据龙游韦塘朱氏的族谱记载，朱世荣早年丧父，家庭极度贫穷，靠族中同姓资食为生，14 岁时便为贩运木头的族叔打工，以求糊口。自古英雄出寒家。朱世荣早早就尝尽人间的酸甜苦辣，练就了吃苦耐劳、自强不息、坚忍不拔的精神品质，懂得珍惜身边的每个机会，早年立志要做一番大事业，要成为陶朱公、范蠡那样的大商人。朱世荣吃得起苦、人勤快、脑子活络，很快便成为族叔生意上的好帮手，开始走单帮。所谓单帮，实际上就是负责一定区域的货源组织或市场销售。正是走单帮的锻炼，使得小小年纪的朱世荣了解了市场、熟悉了生意，为自己创业奠定了基础。

一次经京杭大运河向吴中运送货物的经历，使朱世荣看到了机会，开始了自己的经商生涯。创业初期，一切都要靠自己。木头运输是一件苦差事，崇山峻岭、深沟峡谷，常人根本无法从这里行走，而运输货物更是无法想象的艰难，有时来去一次就要四五十天，远的一次就要半年左右。但朱世荣没有怨天尤人，崎岖的山路练就了他事业成功的人格基础，锻造了他"坚"与"忍"的品质，这也是他一直保留在自己经商生涯中的卓越品质。

朱世荣日复一日、年复一年地艰苦奋斗，最终在苏州、无锡、常州等地建立了良好的人脉关系，为以后发展自己的事业打下了坚实的基础。贩运货物这几年，朱世荣不仅积累了不少财富，增长了行业见识，最为重要的是明白了商道的意义。在摸清了贩运的运作规律之后，他开始把聪明才智有计划地运用到自己的贩运生涯中。他一方面通过京杭大运河往江苏运送木材，另一方面把江苏的丝绸、陶瓷等货物运往浙江、江西等地。朱世荣拥有一支70多艘船只的运输船队，建立了一个涵盖木材、粮食、丝绸棉布、陶瓷等生意的庞大商业王国。据方志记载，朱世荣"流寓常州致巨富，置产亘常州三县之半，后归衢江古码里，复大置产，当时以为财雄衢常二府"。

成功者之所以能够获取令人瞩目的成就，最重要的诀窍就在于真正地、脚踏实地地做事情。朱世荣就是凭着这样的精神，一步一个脚印走向他财富的顶端。

二、勤快能干

刘镛，南浔"四象"之首。刘镛在年轻的时候当过铜匠，挑着担子，靠东奔西跑地为别人修补铜勺、铜锅等养家糊口。在一些南浔老人的记忆中，一副铜匠挑子曾存放在当年刘家的家庙内，刘家后人中也有相似的说法流传。但是，靠这小手艺活儿想安身立命着实困难，于是他到镇上一家棉绸布店当学徒，期望将来能有机会做点生意。

那时的学徒什么活都得干。腊月天被老板叫到冰冻了的河边洗菜，刘镛手都冻裂了，鲜血顺着菜叶流入河里，但又怕被老板责骂，每次都不敢说出来。他起早摸黑，努力干活，一天仅能挣到十文钱。他拿出三四文解决自己温饱，剩余的钱给了他母亲。当刘镛得知，店家的管家一年挣到的钱也不到百缗（100串铜钱）时，他认为在这家店发展有限，并不适合继续留守。后来通过亲戚介绍，刘镛到镇上的谈德昌丝行干活，每年能挣到10银圆。老板觉得他勤劳能干，年底回家前又奖励他6银圆，全家人欢呼雀跃，认为这份收入非常可观。几年后，刘镛凭自己的聪明才智，已经精通了经营丝业的窍门，了解了有经营资本才是其中的关键，只要资金充裕就能在当地大量购入蚕丝，然后转卖给来湖州收丝的上海洋行买办。通过一买一卖，可赚大量差价。在湖州，基本家家户户都种桑养蚕，生丝货源稳定、充足，只要有足够的资金收购生丝，生意就能做大。可关键问题是经营资本从哪里来呢？

4年后，刘镛离开了谈德昌丝行，与另外2个同乡合作共同开设了自己的第一家丝行。资本由3个人东拼西凑，一共也不到200银圆，但这就是刘家事业启航的第一步，那年刘镛仅仅20岁。当时正是鸦片战争之后，外国资本到处大量收购中国的农副产品。作为浙北蚕桑业的中心市镇之一，南浔不仅离上海很近，还有太湖和运河的便利交通，丝市贸易自然就声势浩大。所谓"小贾收买交大贾，大贾载入申江界。申江番国正通商，繁华富丽压苏杭"（温丰《南浔丝市行》），说的就是这个。

刘镛的财势发展速度惊人。从他开始合伙经商算起，到了同治元年（1862年），也就是刘镛37岁时，仅仅10余年，200银圆的资本翻跟斗一样增加到了数十万之巨，他的生意也从南浔发展到上海，他还在上海租界内购置了地产。从一开始的丝业经营，进而开始盐业经营，按汤寿潜的说法："不数年，业翔起，当同治初，已殖财数十万，号巨富。"

第二节　无中生有　敢拼敢闯

改革开放之初的浙商，是"三无"起步、"五低"起飞的群体。"三无"，即"无资金，无技术，无市场"；"五低"，即"起点低，知名度低，文化程度低，企业组织形式低，产业层次低"。在这样的背景之下，浙商从街头的小商贩开始干起，凭着智慧和胆略，创造了一个个"财富神话"，也演绎出非同寻常的浙商精神。在这种创业精神的背后，是被人们高度概括的四个字——"四千精神"，即"走遍千山万水，想尽千方百计，说尽千言万语，历经千辛万苦"。

一、浙商进京

20年前的北京大红门，另外一个闻名全国的称呼是"浙江村"。"浙江村"不是自然村落，更非行政编制，它是指20世纪80年代以来，10万进京经商的浙江人的落脚点。其中绝大多数来自温州地区，在20多年的时间里，他们在城乡接合部的丰台区自发形成了聚居地。

最早到这里定居的浙商中有温州乐清县的农民卢毕泽。1983年，当时在内蒙古做生意的卢毕泽到北京进布料，他发现大街小巷有不少扯着脖子叫卖短裤袜子的商贩，而且买的人还不少。而前门，当时还是空荡荡的。卢毕泽凭直觉判断，这里的生意好做。回到包头和一起经商的亲友们一说，有6户人家同意和他一起来北京。

他们踏上了进京的征程，但落脚点是哪儿呢？他们从前门随便坐上了一辆公共汽车，上车之后才知道是17路。车一直往南开，一路上越来越荒凉，没多远就好像进了农村，周围全是菜地，有很多民房。下车一问才知道，这里叫大红门。这样一个随机的选择，拉开了浙商落户大红门的序幕。

在租来的18平方米的房间里，卢毕泽开始了他在京的淘金之旅。这里既是卧室也是车间，3台缝纫机，1台锁边机，外加2张熨衣板。晚上他在窗台上睡，2个妹妹则睡在熨衣板上，2个儿子睡在走廊中间的折叠床上。就这样，他们这个专门生产"时髦温州服装"的小作坊开了起来。

做裤子，卖裤子。每天早上4点起床赶头班车，下午收摊后回家接着做裤子，一直干到晚上12点以后。这确实很辛苦，但由于市场上商品奇缺，每天做的20多条裤子全部卖完。仅仅1年，卢毕泽的生意就初具规模了，他请了几个工人帮忙，把做好的裤子批发给别人代销……

浙商的特点是老乡带老乡，很快乐清人在北京做服装生意做成了万元户的消息传得到处都是，大批温州老乡闻风而至。到1985年，超过5000个温州人在大红门一带聚集。

二、艰苦创业

南存辉在只有六七岁的时候，就挑着米糠、拎着鸡蛋上街叫卖。13岁的时候，他的父亲在生产队劳动时意外受伤，腿部骨折，从此卧床不起，一大家子的生计顿时成了难题。那时候初中是两年制，再过半个月南存辉就初中毕业了。尽管学习成绩优秀，还是班长，但作为家中长子的南存辉，还是收拾书包默默离开了校园。他挑起父亲的补鞋担子，上街做了一名小鞋匠。南存辉做什么事情都很认真，从小就是这样。哪怕对待看起来没有出息的补鞋，也是如此。有一年的冬天特别冷，坐在寒风中补鞋的南存辉手指头冻僵了，不听使唤，尖利的鞋锥一不小心戳进了手指，鲜血直流。但他只是随便用块破布包扎好伤口，忍痛坚持为顾客补鞋。因为他补鞋又快又好，所以生意特别好。在修鞋时，南存辉发现，由于国家还是计划经济体制，工厂都是整机出售，机器的零件坏了很难买到替代品。颇有商业头脑的柳市手工业从业者把握住了市场需求，从坏机器里拆零件出售，不少先行者开始尝试制造机器零件。渐渐地，柳市发展出装配作坊。

对南存辉来说，1984年是极具纪念意义的一年。当时16岁的南存辉做通了家人的思想工作，特别是父亲的，最终凭着父亲抵押家里的几间老屋贷款的 5 万元钱，与同学胡成中及同学弟弟胡成国合伙创办了一家小工厂——乐清县求精开关厂，这就是正泰电器的前身。

"刚开始办厂其实很难，因为自己什么都不懂。技术不懂、质量不懂，市场在哪里又不知道。没有设备、没有技术、没有人、没有资金，万事开头难，让人伤透脑筋。"南存辉回忆当初时说道。

就在这样的条件下，这几个年轻人选择了一条正确的路子，这保证了他们能在日后残酷的竞争中脱颖而出。当时温州乐清有上千家电器作坊，大多是家庭作坊，很多人甚至连基本的原理都不懂就开始做，做出来的东西事故频发。作为后来者，要想做到与众不同，必须要有过硬的技术，而对这几个只有初中文化水平的年轻人来说，无异于天方夜谭。

怎么办呢？"借"。刚办企业时，南存辉在"借"上做文章，聘请人才"借脑袋"，并借用别人的设备来帮自己生产产品。

要搞电器，必须要有懂电器的专家，温州这样的人才不多，如果有也早被挖完了，于是他们想到前往上海请专家。这件事交给了在外边跑营销的胡成中。那时温州交通还不发达，每次到上海要坐 24 小时的船。胡成中去了上海 3 次，最终打听到了上海人民电器厂有一位工程师王中江快要退休了。

胡成中找到老先生家，把自己的想法告诉了他，当场遭到拒绝。相对大上海而言，温州柳市镇这小地方人家当然瞧不上，况且当时报道柳市电器频出事故，名声太臭，像王工这样的人自是不愿来。

不过那时王工一家都在上班，孩子在家没人带。胡成中说服对方，主动要求帮他家带孩子，还为他家擦地板，晚上住不起旅馆，就睡在他家地板上。几天后，王工一家都被感动了。不久后，王工随他悄悄地来到了温州柳市的这个小厂。求精开关厂慢慢发展起来了。

三、锲而不舍

郑坚江与同时期出生的大多数浙商一样，贫穷是儿时的主色调。郑坚江的父亲一个月36元的工资，要养活一家6口人。平时锅里难得见一点儿油腥，若是吃半根油条蘸酱油，就要吃上一个星期的泡饭。油条的香味、酱油的咸味，至今仍是记忆中的美味。也正是这样的环境，磨炼了他不怕吃苦的韧性。

郑坚江创业的目的十分简单，就是希望过上美好的生活，能过上拥有电视机、电冰箱、自行车的好日子，所以他抱着敢作敢为的态度，想去闯荡、奋斗一番。

初中毕业后，郑坚江先后养过鸡、种过草、做过五金、修过汽车。1986年，宁波开始推行企业承包制，25岁的郑坚江自告奋勇，承包了一个只有7个员工、20万元负债的破旧不堪的作坊小厂，这就是未来的奥克斯公司。

当时的郑坚江，还是一个只有初中文化程度的汽修工人。面对这样一个烂摊子，他有点儿束手无策。因此，接手厂子后，郑坚江的第一步就是出去找钱。小企业贷款一直到现在都是难题，当年更甚。为了能得到2000元的银行贷款，郑坚江特意到信用社主任家里申请，还陪他下棋，增进关系。一次次地跑，一次次地请求，连续一个多星期的软磨硬泡，终于让信用社主任答应贷2000元给他。

郑坚江起步时生产各种零部件，曾经生产过收录机、电视机的天线，电表的外壳。有了一定基础后，郑坚江决定进军电能表市场。当时中国最大的电能表企业规模是他们的500倍，敢于做梦的郑坚江很快圆了梦——只用3年时间就做到产销全国第一，成为当时中国电能表行业的领军人物。

2015年，郑坚江在哈佛大学做了题为"奥克斯的发展与中国的机会"的专题演讲，不仅对中国经济的未来发展提出了自己独到的见解，更是介绍了奥克斯波澜壮阔的奋斗史，与大家分享了自己草根创业的成功经验。

他用 3 句话概括了自己创业成功的原因：学习是我的人生伴侣，时间是我的宝贵财富，成功需要锲而不舍。

第三节　百折不挠　永不放弃

在许多人眼里，做什么事首先考虑的是面子。有些生意尽管能挣钱，但有失体面，宁可挨饿也不愿意去做。而在浙商眼里，做生意没有高低贵贱之分。他们心怀梦想，勤勉工作，笃行不倦，脚踏实地，百折不挠。

一、逢山开路

1980 年，2 次高考落榜的徐冠巨，开始在万向节厂工作，生活平平淡淡。然而这个家庭在 5 年后因一场突如其来的灾难受到重创。1985 年，24 岁的徐冠巨被查出患有溶血性贫血——一种基本无法治愈的疾病。医生的判断是修养得好也许还能再活 10 年。作为父亲的徐传化当时就震惊了，徐冠巨自己反倒十分镇定，他不停地安慰父亲，并下决心一定要活下去。之后，父亲带着儿子到处求医，家里的积蓄花完了，还多出了 2.6 万元的外债。在生存的压力下，徐家父子商量之后，做了一个果敢的决定——创办企业来改善家庭的经济环境，同时也能为徐冠巨筹集资金继续治病。

创办企业，一要有资金，二要有业务。徐家父子背着债务东拼西凑，找了十几家亲朋好友，才借来 2000 元作为启动资金。但这点钱实在不多，能做什么项目呢？

偶然间，徐传化从朋友那里听说，做液体皂不需要太多本金，而且产品紧俏。于是，他们在家里建了一个小型手工作坊，开始生产液体皂。他们用水缸和铁锅来代替反应锅；用砖块砌成炉灶替代锅炉；买不起搅拌机，就人工来搅拌。液体皂做出来后，徐传化骑着自行车，东奔西跑去销售。在那个物资紧缺的时代，徐家的液体皂很快就成为抢手货，每天能卖10多桶，一天能挣到100多块钱。

父子两人内外配合，生意做得红红火火。第二年，他们便发展了600多个供销社网点，销售额达33万元，挣了3万多元，在还清了债务后还攒下1万元。

看着红火的生意，徐冠巨也忘记了自己的病痛，一心一意扑在生意上。可随着订单急剧增加，他们的产能却跟不上了。为了生产液体皂，徐传化特意请来一位专业师傅，这人技术虽然很好，但每星期只来一次，一旦他不在就得停工。徐家父子无可奈何，只能在一旁着急。

徐冠巨想自己学，每次师傅在做液体皂时，他就在旁边观察，制作的流程都会了，也按照这个流程尝试了很多次，但做出的液体皂每次都是又清又稀，根本无法使用。秘诀在于，师傅每次做液体皂都会拿出一个神秘小包，把包里的白色颗粒倒入配料中，这样做出来的液体皂就会很黏稠。

徐家父子非常想知道这种白色颗粒到底是什么，但那师傅怎么也不肯说。徐传化只好到处打听，总算有个同行愿意告诉他，条件是要给他4000元酬劳。后来一番讨价还价后才把价格降到2000元，这在当时可是一笔巨款，但徐传化还是一咬牙买下了这个秘方，因为这样他就不用再受制于人了。后来才发现，这个秘方只有一个字。当对方说出秘方时，徐传化差点没气晕过去，原来这神秘的白色颗粒就是日常做饭时要用到的"盐"。

2000元买了一勺盐，让徐家父子痛定思痛。自此以后，徐冠巨开始刻苦自学化学知识，研究配方，许多液体皂的配方都是由徐冠巨自己调制出来的。

在能自己生产出液体皂后，偶然中徐传化听说，纺织印染厂需要一款能去油污的洗涤助剂，用来去除印染坯布上的污渍，这款洗涤助剂的基本原料和液体皂十分相似。

当时徐冠巨的哥哥已经辞职回家负责财务工作，从财务工作中脱身的徐冠巨则自学研究化工，成为家族企业中第一个工程师。徐冠巨通过不断实验，造出了 2 种洗涤助剂——"105"和"209"，并分别卖了 2 吨和 1 吨给一家印染厂，这是徐家的作坊第一次跟企业"做生意"。

但是，由于技术水平有限，产品的去污能力较差。1990 年，国内去污能力强的印染洗涤助剂市场基本由外资企业占据。徐传化和徐冠巨决定研发去污能力强的洗涤助剂，打造企业的"拳头产品"。

急需打造"拳头产品"的状况和受"2000 元买一勺盐"的刺激，使徐冠巨下了狠心。1990 年，经过 1000 多次实验，徐冠巨开发出了"901 特效去油灵"。1991 年，"901"通过省级鉴定；1992 年，"901"荣获北京国际发明与专利展览会金奖，并在之后几年内陆续获得 11 个国家级和省级发明或产品奖。这款产品彻底改变了徐家的命运。在"拳头产品"的带动下，徐家作坊日益扩大，业务拓展至日用化学品、造纸化学品、塑料化学品等方面，并在 1995 年转变为浙江传化化学集团。而进入新时代的"传化"，更是开拓了物流港、新农业等领域，成为一家大型集团企业。

二、永不言弃

马云，一个熟悉得不能再熟悉的名字——他是全球瞩目的商人，他是互联网的代表人物。马云的人生经历极具传奇色彩。早期历经坎坷，但他从不轻言放弃。

众所周知，马云长得奇特，20 多年前的马云一直为这事发愁。马云的第一次高考失败了，在这次失败之后，他决定去打工。他尝试过去酒店当服务生，也尝试过别的职业，可是，这些尝试都失败了，他总被别人无情地拒绝。对于这样的遭遇，马云无可奈何，因为他不能决定自己长成什么样。后来，他终于获得了一份零工，开始骑着三轮车帮人送杂志，开启了打工的生涯。某天在给杂志社送书的时候，他接触到一本改变他此后一生的书，这本书使他领悟到人生的道理，于是他下定决心再次参加高考。

次年，马云再次参加高考。第二次高考他满怀信心，但是还是惨败，数学只考了 19 分。受到中国排球女将永不言弃精神的激励，他没有向现实妥协，又准备参加第三次高考。1984 年，19 岁的马云通过自己的努力，艰难地通过了这第三次高考。但是，马云的成绩只能报专科学校，后来又因学校里的本科没有招满学生，他幸运地进入了杭州师范学院本科的外语系就读。

为什么马云受到那么多创业者崇拜？其中一个原因是他在事业上取得的成就，另一个原因是他和大多数普通人一样出身于普通得不能再普通的家庭。他没有显赫的家庭背景，没有高大英俊的形象，没有优秀的学习成绩。他靠的是他永不放弃的精神和自我检视的品质。他有一颗要改变生存现实的心，以及一定会成功的坚定信念。这种品质深深折服了很多草根创业者。

马云第一次创业办了一家翻译社——海博翻译社。这家翻译社的创办并不顺利，翻译社需要场地的支持，于是马云租了一间房子，这间房子的月租是 2400 元，而翻译社第一个月的营业额只有 700 元，他面临着入不敷出的困境。马云为了让翻译社能够支撑下去，走出困境，就采取开源节流的策略：一方面把翻译社的一半房间租了出去，节省房租；另一方面跑到义乌做起了小商品批发的生意，背着麻袋批发了许多鲜花、内衣、袜子等，再背回杭州零售出去。销售小商品看上去还算是个老板，可是翻译社并不好接活。为了接到活，马云只好挨家挨户地推销，上街发传单、拉横幅进行宣传，常常遭受路人的白眼。

1995 年，马云已逾 30 岁，他在这一年到达美国，从事商业谈判翻译的工作。在美国，他接触到了互联网这一新鲜事物，看到了网络的巨大力量，认识到网络可能会改变整个世界。他从美国回到中国以后，立刻辞去工作，创办了中国的第一个互联网商业网站，这个网站的名字叫作中国黄页。网站提供的业务是搜集和整理国内各个单位的资料，并将其上传到网站当中，使得外国人能够在网站上非常便捷地找到他们所需要的资料。在当时那个年代，中国几乎还没有通上互联网，老板们没有多少人相信世界上真的存在网络这一事物，因此他们大多不愿意提供自己公司的相关资料。马云和他的团队为了让老板们心甘情愿地提供资料，就需要向这些老板证明世界上真的存在互联网，证明这些老板提供的资料真的已经上传到了互联网上。

马云并不是计算机专业出身，他并未掌握计算机和互联网的相关技术，他在创业的过程中能做的事情就是游说和宣传，每天的工作就是对那些老板宣传互联网有多么神奇。老板们不相信互联网的存在，他就把网页打印下来拿给老板看，还请老板打国际长途，询问他们在美国的亲朋好友世界上究竟有没有互联网，让身在美国的接触过互联网的人向他们证实世界上是存在互联网的。1995年，上海终于真正接通了互联网，因此马云的团队不用再打国际长途了，只需要把电话打到上海去，让上海的人证明世界上是有互联网的。即使是这样，在很多没有接通互联网的城市里，人们还认为马云是个骗子。人们的不相信和误解，并没有将马云打倒。

中央电视台曾经拍摄并播出过一部以马云为主题的纪录片，这个纪录片的名字叫《书生马云》。在这部纪录片当中，马云瘦弱而又矮小，背着一个黑色的单肩包，敲开每家每户的门，每当一扇门开了，马云便开口说："我是来推销中国黄页的。"有许多人还不待马云继续说，便十分不耐烦地将马云轰出门外，无论马云在门外怎样解释，这扇门再也没有为他打开。甚至有人当面直接对马云说："我看你不是个好人！"马云在推销的道路上经受了无数的曲折坎坷，遭到了许多人的白眼和误解，但这都没有磨灭他对互联网的信心和热情，这也许就是他从平凡中脱颖而出、创业成功的重要原因之一。

马云的第四次创业，是阿里巴巴团队在北京接手的一个政府项目，在北京足足待了14个月后，他决定离开北京，南下杭州再次创业，这也意味着他第四次创业的失败。离开北京前夕，马云与阿里团队大碗喝酒、大口吃肉，一起抱头痛哭。4次创业失败，被当作骗子，最穷的时候公司账上只有200元钱，在最困难的时候马云的内心有多煎熬，只有他自己知道。成功没有偶然，梦想实现的路上少不了努力和坚持！

第 四 章
敢为人先的
创新精神

在中国的历史长河中，一直以来，浙江商人通常都以顺应时代潮流、敢为人先、敢想敢干而闻名。罗马不是一天建成的，"风云浙商"的称呼也不是一天获得的，无数浙商的创新合力，才聚集成这样一个敢想敢做敢当又具有活力的群体。以往的浙商依靠着开拓精神开疆拓土，而今的浙商仍旧需要这股敢为人先的创新精神去巩固这难能可贵的荣耀，未来的浙商更要凭借这种锐意创新精神，不断闯出"前人没有走过的路"。

第一节　勇于思变　发掘商机

信息灵，百业兴。在风云变幻的市场上，经营者必须具有强大的应变能力，及时做出正确的决策，而做出正确决策的基础在于目达耳通，及时、准确地获取大量有效的信息。在商业竞争中，浙商有与生俱来的敏锐，他们总能捕捉到他人视而不见的商机。

一、把握时机

香港巨商王宽诚是宁波人，他是一个不折不扣的浙商。抗日战争爆发后，王宽诚将事业重心转移到香港。1941 年 12 月 25 日，香港被占之后，驻港日军强迫香港市民使用"军用票"，原由香港汇丰银行发行的港币被停止流通，港币顿时如废纸一般。握有一些港币的王宽诚询问一个英国商人，未来要是日军战败，汇丰之前发行的港币是否还能使用？英国商人说："英国人最讲信誉，汇丰钞票，到时十足兑现，毫无疑问。"王宽诚十分认同，马上委托他人以为某纸厂采购造纸原料为借口，偷偷收购港币。3 年多时间里，王宽诚收购的港币，数以亿计。

1945 年 8 月 15 日，日本战败投降，汇丰恢复营业，之前发行的港币开始恢复流通，而库存的现钞一时间竟然供应不足，新印刷又来不及。这时，王宽诚乘机将这几年以废纸价收购的大量港币出手，又购买了大量物资，立马成为富豪。汇丰银行见此情况，便用股票兑换了他手上的部分港币，并聘请他做银行的董事和行政负责人。汇丰自咸丰、同治年间在上海成立，在中国经营已近百年，王宽诚以高姿态进入汇丰，在当时是一件让中国人扬眉吐气的事。

1947 年香港经济转为萧条，地价暴跌，房地产行业被看衰。王宽诚通过认真分析，认定香港在几年后必定经济复苏，于是，断然地在新界购买大片土地，兴建了数十栋名为"海国公寓"的高层住宅。当时因为经济不景气，建筑行业极其渴望雇主上门，愿意薄利承包，因而海国公寓的造价极低。1949 年，大量达官巨商蜂拥至香港，海国公寓以很高的价格出售，王宽诚大赚一笔。

二、胆识超群

王均瑶为了创业赚钱，在年仅 16 岁的时候就离开自己的家乡温州，千里迢迢跑到湖南长沙，一开始从事的是印刷业务和五金业务。1989 年的春节对于王均瑶来讲，是非常难忘的。这一年的春节前，王均瑶的业务非常繁忙，忙到让他将购买返乡火车票这件事都抛诸脑后，直到小年夜他才想起来自己还没有购买火车票，可是春运的火车票本来就十分火爆，早已经售罄了，他被迫留在长沙，回不了家。同样被困在长沙的，还有他的几位温州老乡。他和这几位老乡商量了一下，还是觉得不管有钱没钱，都要回家过年。过年留在长沙不回家，算是个什么事儿呢？再怎么难，也要想办法回家过年。于是他们凑钱包了一辆大巴车，开回温州。由于是春运期间，他们付了市场价 2 倍的价格。在那个年代，从长沙通往温州的公路并不好走，长达 1200 公里的路程中，有很多崎岖的山路，大巴车在山路上十分颠簸，让王均瑶和他的老乡们感到十分疲惫。王均瑶不禁感叹，汽车可真慢。

他身旁的一位老乡挖苦说："飞机倒是快，你能包飞机回家吗？"

正是老乡无意中说出的这句话给了王均瑶启发。王均瑶想：可以承包的东西其实有很多，比如说土地，比如说汽车，那么飞机可不可以承包呢？王均瑶把自己的这个想法告诉了亲朋好友，却没有一个人能够理解他，大家都觉得他是在异想天开，这个想法根本就不可能实现。其实这也不能怪大家不理解，因为在当年的时代背景下，飞机是一个非常奢侈的东西，坐飞机是一件非常困难的事情，不是人人想坐飞机就能坐飞机的。如果一个人想坐飞机的话，就要购买机票，只有拿到县团级以上机关出具的证明，才能买到机票。坐飞机尚且如此困难，更不要说承包飞机了。王均瑶只是一个普普通通的打工人，看起来连坐飞机对他来说都是奢望，他竟然想承包飞机，这不是很可笑吗？王均瑶并没有被他人的看法和质疑所动摇，他承包飞机的计划从提出到完善，经历了很长一段时间。在计划成形之后，他投入了八九个月的时间进行市场调研，并且积极地和有关部门进行协商与沟通。当时的王均瑶可以说是一意孤行，没有一个亲朋好友对他的计划表示支持。

王均瑶的私人包机计划，终于在 1991 年的 7 月 28 日实现了。他一个人承包了从长沙至温州的航线，这个计划的完成离不开王均瑶坚忍不拔的精神和持之以恒的努力。虽然中国民航局对飞机的承包设立了层层关卡，但是王均瑶愣是盖了 100 多个章，将这层层关卡都突破了。王均瑶在承包航线的第一年，就获得了超过 20 万元的盈利，这让王均瑶尝到了甜头，也让他的野心迅速膨胀。他当机立断，成立了中国第一家私人包机公司，将全国 400 多个航班都承包了下来，从而获得了巨额利润。

王均瑶对机会的敏锐把握，并不仅仅体现在承包航班这项事业上。有一天，王均瑶在看报纸的时候读到一句话："中国的人均奶消费量不足 7 公斤。"这句话引起了王均瑶的注意，他认为牛奶行业具有巨大的潜力，蕴藏着无限的商机，牛奶在中国具有巨大的消费市场，而这个市场目前还远远没有被开发出来，只显现出冰山一角。于是在 1994 年，王均瑶成立了均瑶集团乳业股份有限公司，首先致力于建设优质牛奶的生产基地，然后做出技术创新，将牛奶的保质期延长到半年。均瑶集团的乳制品首先在温州上市，凭借良好的品质，迅速打开了全国市场，风靡全国。

在改革开放初期，温州市的街头有一道亮丽的风景线，那就是菲亚特出租车。随着改革开放的深入推进，温州作为一个沿海城市，经济飞速发展，城市建设也不断进步，小小的菲亚特出租车，已经跟不上时代发展的步伐，面临被淘汰的境遇。温州市政府要求对出租车的车型进行改革，用桑塔纳代替原来的菲亚特。王均瑶抓住了这个机会，斥资数亿元买下了市区出租车的经营权。这让当时的很多人都感到震惊，因为出租车业务带来的利润其实并不足以让一位老板投入这么多成本，但王均瑶有其独特的考虑。他把所有的出租车漆成同一种颜色，并且为所有的出租车司机定制了统一的制服，出租车上贴着的是"均瑶"的招牌。这样一来，没过多久，均瑶品牌就走进了温州的千家万户，王均瑶看中的是出租车所能带来的广告价值。没有一架飞机，王均瑶却实现了航空梦。一个突然的灵感，成就了一位乳业巨头。

第二节　敢想能干　快人一步

1994 年，中国的休闲服饰市场刚刚起步，靠加工夹克衫起家的温州商人周成建创立了属于自己的服装品牌——美特斯·邦威，以生产销售休闲系列服饰为主。

1995 年初，美特斯·邦威的做法在业界一直被怀疑，甚至有人认为它是一家"皮包公司"，生产、销售都交给别人，万一哪天别人不再和你合作，怎么办？

2003 年，越做越"小"的美特斯·邦威总部只有 200 多名员工，但是规模却爆炸性地做大了 300 倍左右。集团旗下休闲服饰品牌"美特斯·邦威"在全国设有 900 多家专卖店。

从 1995 年公司创立的时候年营收只有 500 多万元，到 2002 年的时候年营收已经达到了 15 亿元，周成建在资金实力不够而休闲服饰市场规模又在急速扩大的背景下提出了通过借助他人的力量共同谋求发展的思路，落地的办法就是走"虚拟经营"的品牌连锁模式。

一、虚拟经营

（一）以强化研发和品牌为重点，"虚拟经营"使企业的生产收益实现最大化

公司经营之初，美特斯·邦威非常重视品牌建设与品牌推广，并且拥有独立的设计师团队，自主设计研发产品，抢占产业价值链制高点。

一方面，公司加大研发设计力度。早在 1998 年，美特斯·邦威就在上海设立了设计中心，加强对设计师队伍的培训，并且和中国香港、意大利、法国等地的设计师合作，使得自身对于当下服装流行趋势的把握更加准确，其设计理念非常独特，既从设计师身上汲取灵感，也非常尊重消费者的审美需求。而且美特斯·邦威的设计质量与数量并重，每年的新款有 3000 多种。同时，公司上下形成了注重设计的氛围，美特斯·邦威的设计并不是空中楼阁，而是充分汲取了代理商与消费者对于产品的意见和需求。美特斯·邦威的高层领导与设计师每年都需要花费长达两三个月的时间去做市场调研，公司每半年就要将全国的代理商召集起来开会，征集他们对于产品设计的意见和建议，不断对产品设计进行改进和优化，提升产品设计的市场适应力和吸引力。

另一方面，突出专业水准，强化品牌宣传。美特斯·邦威对于品牌形象代言人的选择具有非常独到的眼光，设计了许多非常具有创意的品牌推广活动，其品牌广告的投放也别出心裁，涉及社会生活的各个方面和各个

领域,在短时间内迅速使品牌的知名度和评价得到了广泛的提升。美特斯·邦威的品牌定位聚焦于时尚的年轻人,聚焦18—25岁的目标消费群体,在广告代言上舍得花大钱,其口号"不走寻常路"深入青少年的心。2001年,美特斯·邦威结合自身的产品定位,邀请在年轻人当中具有强大影响力的歌坛艺人作为品牌代言人。除了品牌代言人以外,美特斯·邦威还创造出"时尚顾问"这一新名词,邀请当红艺人,利用他们在粉丝群体当中的影响力,为其品牌建设进行良好的推动。美特斯·邦威还注意到方兴未艾的选秀节目在青年群体中的影响,对国内收视率较高的选秀节目进行冠名赞助,不断提升品牌的曝光率和知名度。同时,美特斯·邦威注重强化文化内涵,提升服装的文化品位。

(二)以外包生产、加盟和直营销售相结合模式为保障,"虚拟经营"使企业的发展规模实现快速扩张

伴随着美特斯·邦威的成长,市场对公司产品的需求量越来越大,若想满足逐步增长的市场需求,美特斯·邦威就需要购买更多的生产设备来扩大产量。此外,美特斯·邦威要想让自身的市场进一步扩大,就需要拓宽销售渠道。而在当时的时代背景下,线下销售是最主要的销售渠道,因此美特斯·邦威为了加速抢占市场,只能开设更多的线下实体店。但若要在缺资金、缺网络的条件下实现快速扩张,需要创新发展模式。美特斯·邦威采取"虚拟经营"的方式,将其闲置的社会资源和资金充分地调动、整合、利用起来,对其经营模式进行了创新,主要包括外包生产和加盟两种方式来进行生产和销售。

美特斯·邦威借鸡生蛋,借船出海。公司没有选择投资生产设备,而是通过寻求外部的生产力,来弥补自身生产力的不足。美特斯·邦威与200多家服装制造工厂建立了稳定的长期合作关系,美特斯·邦威为这些服装制造工厂提供服装设计图纸、成本费和加工费,这些工厂则按照提供的服装设计图纸来生产,保证服装的产量和质量,生产出的服装打的是美特斯·邦威的牌子。通过这样的方式,美特斯·邦威具有了稳定的生产基地,省下了一大笔投资生产设备和生产场地的费用。

美特斯·邦威还推行连锁制度，通过与加盟店签订契约的方式，赋予加盟店以特许经营权。开展"复制式"管理，实行"五个统一"，即形象统一、价格统一、宣传统一、配送统一、服务标准统一。每一个加盟商都具有各自的人力、物力和财力，虽然一个加盟商的力量是很小的，根本不足以与一个公司相比，但是千千万万个加盟商汇合起来，其力量就变得无比强大，远远大于一个公司所能形成的力量。正是有了许多加盟商，美特斯·邦威才能在极短的时间内，在全国大部分重点省市都开设了线下门店，飞速编织起在全国的销售网。

美特斯·邦威积极学习和借鉴优秀企业的物流供应链管理，认为物流中心是企业经营的关键，可尽量缩短存货周转天数。公司加快建设"上海六灶主配送中心"，从协调商品流通路线、升级供应链信息管理系统、改善仓库硬件设施设备等方面着手，全面提高供应链管理水平。同时，因为多品牌的物流服务需求存在差异化和个性化，公司调整了物流集中管理模式，各事业部根据自身的业务需求和特点，制定不同的物流规划和服务方案，同时各部门之间保持密切的横向沟通、信息共享；在确保物流供应链管理统一规划的同时，大力改进各个配送中心内部作业流程，强化物流成本控制。

通过对所有加盟连锁店生产、销售网络的虚拟化，同时强化供应链管理、优化生产成本和市场开拓成本，美特斯·邦威实现了快速而又低成本的扩张。

二、品牌裂变

2010 年以来，随着欧美快时尚品牌在国内的扩张、线上购物的崛起、年轻消费群的更迭，行业竞争进一步加剧，美特斯·邦威也面临业绩不断下滑的局面。自 2017 年以来，公司开始实施品牌升级策略，重塑品牌，调整渠道布局，提升零售体验。第一，探索渠道优化，淘汰低效门店。由于购物中心门店业绩表现良好，美特斯·邦威的渠道正在从以街边店、百货专柜为主，逐步转向购物中心。2017 年 12 月同时开出的 100 家美特斯·邦威全新门店中，就有 40% 摆脱了传统商圈的街边店形式，进驻到新兴商圈的购物中心内。第二，多品牌战略，契合不同渠道要求。品牌矩阵由"Meters bonwe"及"ME&CITY"两大时尚休闲品牌，"CH'IN 祺"慢生活体验品牌，"ME&CITY KIDS"及"Moo Moo"两大童装品牌组成。各个子品牌可根据渠道灵活拓展，拓展面积有所不同：Meters bonwe 为 1000 ㎡—3000 ㎡、ME&CITY 为 1000 ㎡—2000 ㎡、CH'IN 祺为 500 ㎡—1000 ㎡、ME&CITY KIDS 和 Moo Moo 为 200 ㎡—500 ㎡。第三，主品牌裂变升级，由单一品牌店转向"单店＋集合店"模式。公司对每家店做了定制化的场景规划，将主品牌 Meters bonwe 裂变为 NEWear（休闲）、HYSTYL（潮流）、Nōvachic（轻商务）、MTEE（街头）、ASELF（森系）五大不同风格产品系列，这些风格设计会交叉组合，以集合店或风格店的新形象出现，打破传统服饰品牌单一风格，带来一站式购物体验。第四，开展供应链端变革。一方面改变此前"加盟、批发、订货会"的方式，实现加盟店铺之间的动态管理；另一方面利用智慧零售、人工智能等工具提升与消费者沟通的效率，尝试供应链精准运营。

第三节　守正出奇　开拓创新

一、别出心裁

黄楚九，浙江余姚人，来上海打拼时只有 15 岁，靠卖药起家，继而进入娱乐业，创建"楼外楼"游乐场。

（一）初建"楼外楼"，被强拆：当胸一拳

当时的上海滩有一个叫作孙玉声的人，他以文化人自诩，并给自己起了个名号叫作"海上漱石生"。他曾经与朋友一起到日本游玩，发现在日本，许多高楼的屋顶上都建有一座花园，花园旁边往往还建有一座游乐场，对此他感到非常新鲜。孙玉声和黄楚九是好朋友，他知道黄楚九非常喜欢这些新鲜的玩意儿，于是在回国以后，他马上找到黄楚九，将日本的这些新鲜见闻告诉了他。黄楚九一听，果然非常感兴趣，他敏锐地觉察到其中的商机，认为这是一个投资少而回报高的买卖。黄楚九以往通过卖药积累了一定的资本，他决定把这些资本拿出来进行投资，钱生钱。这个项目就是仿照日本，在上海建造一个屋顶花园。黄楚九为项目的选址花了很多心思，最终将屋顶花园选在了新新舞台的楼顶上。新新舞台是上海滩非常著名的戏园子，这个戏园子具有非常独特而优越的地理位置，站在这里向东眺望，可以看到黄浦江，向西眺望，则可以看到跑马厅。于是，黄楚九给自己的屋顶花园起了一个名字，叫作"楼外楼"。

其实，楼外楼的名字虽取得颇有新意，但其建设却颇为简单，只是在新新舞台的楼顶上加盖了一层玻璃棚，最初的营业目标只是给上海滩的人登高望远。这个玻璃棚面积不大，包括露天的部分和室内的部分。露天的部分可以俯瞰上海滩的风景，而室内的部分仅仅可以买卖茶点，设置一些简单的娱乐节目，例如说书、唱曲儿、变戏法等。虽然楼外楼的实质性娱乐活动并没有多么出彩，可是它的形式极为新鲜，它完美地迎合了上海人爱看热闹、爱新奇的特性，于是一时之间，游人如织，为黄楚九带来了巨大的收益。但是，黄楚九并没有满足，而是又精心设置了许多新鲜的玩意儿。譬如在楼外楼设置了两面哈哈镜，当人站在哈哈镜前的时候，镜子里的自己会变得一会儿高，一会儿矮，一会儿胖，一会儿瘦，许多人在第一眼看到哈哈镜中的自己时，都会感到非常神奇，笑得前仰后合，不亦乐乎。黄楚九还从国外引进了电梯，虽然这间电梯容量很小，一次只能容纳两名游客乘坐，但所谓物以稀为贵，许多人都想来体验一把乘坐电梯的感觉，因此楼外楼的生意变得更加火爆了，这让黄楚九赚得盆满钵满。

正当黄楚九沉浸在成功的喜悦中时，现实却给了他当头一棒。新新舞台原本的建筑结构存在一些问题，这导致这栋建筑并不是那么牢固。楼外楼建在新新舞台的楼顶之上，由于生意火爆，每天的游客过多，因此给新新舞台带来了过重的负载，随时都有倒塌的危险。针对这栋危险的建筑，英租界当局的态度非常强硬，那就是拆掉楼外楼。这让黄楚九多年的心血付诸东流，他愤愤不平，等待东山再起的机会。

（二）后建"新世界"，遭辞退：当头一棒

黄楚九有一个好朋友叫竺修斋，是个绍兴人。这位朋友同时也是建筑业大亨经润三的好朋友。竺修斋知道黄楚九对楼外楼被拆除并不甘心，脑袋里还有很多创业的想法，随时等待着东山再起，可是既没有钱，也没有地皮，只能苦苦等待。而经润三作为地产大亨，手中掌握着许多地皮，资金实力也非常雄厚，却不知道应当投资什么样的项目。于是这位竺先生就担当了黄楚九与经润三之间的牵线人，介绍二人认识。他们二人一个需要资金与地皮，一个需要创业的方案与思路。两个人见面以后，一见如故，一拍即合，决定在上海的繁华地段建设一个高达三层的游乐场，建设完成以后，为其取名为"新世界游乐场"。新世界游乐场里面设置了将近 10 个剧场、歌场等，在里面既可以观赏各种各样的戏剧演出，也可以观看杂技表演、魔术表演等。新世界游乐场占地面积大，规模也大，游乐种类繁多，而门票价格却不高，一张票只需要一角大洋，不光达官贵人能够消费得起，上海滩的平民老百姓同样能够消费得起，因此自从开业以来，生意便非常火爆。

可是好景不长，突然的变故又给了黄楚九一记痛击。在新世界游乐场的经营如火如荼之时，黄楚九的合作伙伴经润三突然病逝了。在这之后，经老板在新世界游乐场所占的股份便由其遗孀继承。这位遗孀成为新世界游乐场的老板娘。由于经老板在新世界游乐场中占据八成股份，八成股份

都由这位遗孀继承，因此她就抢夺了新世界游乐场的经营管理权，黄楚九只占有两成的股份，没有与老板娘竞争的底气与资格。在老板娘的步步紧逼之下，只好含恨退出了新世界游乐场的经营。

（三）终建"大世界"，遂成愿：百年名扬

合作伙伴的遗孀拿着黄楚九当年入股的 10 万元钱，就把黄楚九打发了。黄楚九虽然气愤异常，却也无可奈何。但是他心中的锐气和梦想却并没有被现实磨平，他在心底发誓，自己一定要再建一个游乐场，规模要超过当年的新世界游乐场，让自己扬眉吐气。

当时上海共有英、法两个租界，其中英租界开发得较早，已经颇具规模，建设得比较繁华，而法租界开发较晚，无论是城市建设还是娱乐业的发展，看起来都远远不如英租界。对此，法国领事并不甘心，他希望能够在法租界内建设几个大项目，鼓舞法租界的士气，从而将英租界比下去。黄楚九敏锐地捕捉到了法租界领事的较量心态，找了中间人介绍，顺利地与法租界领事会面，表示自己希望能够在法租界开办一个大型游乐场。在黄楚九三寸不烂之舌的游说之下，法租界领事被他说动了，对他的建设计划表示大力支持，并帮助他用低价购买了一块地皮，用于游乐场的建设。这块地皮花费了黄楚九十万块大洋。可是接下来游乐场的建设成为一个难题，因为黄楚九面临资金不足的困境。有人向黄楚九提出建议，希望他能找一位合伙人共同进行建设，这样就能解决资金问题。可是黄楚九却对这样的提议感到抗拒，因为多一个合伙人就多一个想法，可能会对项目的建设产生诸多掣肘。因此黄楚九从自己药厂的流动资金中挪出一部分，进行游乐场的场地建设，使游乐场能够尽快开张。

1917 年，黄楚九的游乐场建设完成，他把这个游乐场命名为"大世界游乐场"。大世界游乐场共有 4 层之多，中间还建了一座 7 层的大门楼。游乐场里有一个露天的大舞台，每层楼都有三四个剧场，这些剧场有演戏的，有放电影的，还有各种游玩项目及猜谜语的活动……如果游客玩累了，还可以去游乐场的中餐厅、西餐厅用餐。游乐场内还有一座天桥，天桥的走廊下有一条街，街边都是小吃摊。由于规模大、游乐设施全，这座游乐场日渐成为上海滩的一张游乐名片。直到 20 世纪 60 年代中期，去"大世界"游玩仍是大多数上海市民的重要娱乐节目，也是陪同来沪的外地亲朋游玩的首选之地。"大世界"成为大上海闻名遐迩的文化地标。

二、弯道超车

鲁冠球，浙江省萧山区宁围镇人，曾任浙江万向集团董事局主席兼党委书记，被誉为企业界"常青树"。

鲁冠球的文化程度并不高，初中毕业以后就辍学了，走向社会自行谋求生路。为了赚钱，他跑到铁匠铺去做学徒，希望能获得一门谋生的手艺。可是好景不长，随着时代的发展，铁匠铺的生意越来越难做，为了维持生计，铁匠铺开始裁减人员，鲁冠球就属于不幸被裁掉的那批人。鲁冠球并没有坐以待毙，回到家乡以后，他东拼西凑，借了 3000 块钱，在家乡开了一家米面加工厂。可是加工厂刚开业没多久，"文化大革命"开始了，这家米面加工厂变成了资本主义的尾巴，被无情地割掉了。鲁冠球赔光了本钱，还把祖传的 3 间旧屋卖了还债。3 年以后，鲁冠球等来了属于他的机会——中央下发文件，每个大队可以开办一个人民公社农机修配厂。鲁冠球便带领 6 个老乡，凑了 4000 块钱，开办了宁围公社农机厂。这个农机厂不只生产农机产品，还生产链条、轴承等多种产品，采取多元化的经营方式。由于这家农机厂刚刚开办不久，不管是技术上还是资金上，都面临着很大的危机。同时，附近的人民公社也开办了农机厂，同类产品的竞争，让鲁冠球的产品面临卖不出去的困境。在这个危急的时刻，鲁冠球偶然得知了一个消息，就是全球汽车零部件订货会将在山东省召开。鲁冠球急忙赶往山东，想在这次订货会上推销产品，可是主办方却禁止鲁冠球入场，因为订货会并不面向乡镇企业开放。鲁冠球想，我不能白来一趟，于是就在订货会的门口摆起了摊，并多方打探订货会场内的消息，发现订货会里面买卖双方相持不下，卖家不愿意降价，而买家觉得卖家给出的价格过高。于是鲁冠球就开出低于订货会内卖家价格20%的低价，凭借价格优势拿下了200多万元的订单，解了农机厂的燃眉之急，为后来东山再起赢得了喘息的机会。

在经历了第一次弯道超车以后，鲁冠球并没有心满意足，留恋眼前的辉煌，而是脚踏实地，继续前进。他把工厂旗下的多元化产品业务都卖掉了，获得了70多万元的资金，把厂里所有的资源和资本都投到生产万向节上来。万向节是一个重要的汽车配件，在汽车市场上具有很大的潜力和竞争力。为了打响万向节品牌，鲁冠球把工厂的名称也改掉了，原来的"宁围农机厂"改成了"萧山万向节厂"。很快，鲁冠球就迎来了机遇，国家工业部要从全国范围内挑选出3家生产万向节的企业，作为国家定点生产企业。由于乡镇企业并不归相关部门管辖，因此鲁冠球的工厂没有资格阅览相关指导文件。鲁冠球急中生智，悄悄托人用国营的名义，打听到了文件的具体内容，并对这些内容进行逐条解读，按照文件的规定有针对性地对工厂进行整改。这次整改获得了良好的效果，专家来到萧山万向节厂，进行为期一周的严格考察，给出了超过99分的高分。于是，萧山万向节厂成为3家万向节国家定点生产企业之一，这就是鲁冠球商业生涯中的第二次弯道超车。

在第二次弯道超车成功以后，鲁冠球并没有停止前进的脚步。他清醒地认识到萧山万向节厂与其他的国有企业相比，具有非常大的劣势，因为国内的市场非常认成分，乡镇企业的牌子永远没有国有企业的牌子响。萧山万向节厂要想谋出路，只有开辟国外市场。于是鲁冠球决定自己的工厂从此面向进口汽车生产和销售万向节，因为国际市场并不认企业的成分，只认企业产品的质量。

3年以后，鲁冠球等到了他期待的结果。在广交会上，来自美国的舍勒公司向萧山万向节厂递出了3万套订单的橄榄枝。要知道，美国的舍勒公司是世界上拥有最多万向节专利的公司，得到该公司的认可是多么不容易！依靠这笔订单，萧山万向节厂成为中国最早走出去的乡镇企业。并且依靠出色的产品质量，萧山万向节厂迎来了更大的机遇，舍勒公司想要承包萧山万向节厂的所有业务，让萧山万向节厂为自己公司做代工。俗话说，背靠大树好乘凉，可是鲁冠球却并不愿意放弃自己的品牌。他没有接过舍勒公司抛来的橄榄枝，而是选择独自前行。10 年以后，萧山万向节厂已经更名为万向集团，集团开辟了跨国分公司，就坐落在美国的芝加哥。又过了 6 年，曾经向其抛出橄榄枝的舍勒公司被万向集团收购。目前，万向集团已经在 10 多个国家拥有几十个分公司和生产工厂，招募了上万名海外员工，与数十个国际一线汽车品牌合作，成为长期合作伙伴。

鲁冠球最大的商业梦想，就是让万向集团的业务更上一层楼，不再仅仅局限于汽车零部件的生产和供应，而是制造出属于自己品牌的整车。他想要制造出来的整车，并不是传统的燃油汽车，而是具有广阔前景的新能源汽车。鲁冠球生前一直带领着万向集团朝着这个伟大的目标前进，可是他出师未捷身先死，还没有达到这个目标就去世了。在他去世以后，万向集团并没有停止朝着目标前进的脚步，而是秉承了他的遗愿，继续在整车研发的道路上迈进。

兴业报国的担当精神，是富而思进、富而思源、富而思报。"未有我之先，家国已在焉；没有我之后，家国仍永存。"家国情怀不仅是几千年中华文明的优良传统，也是当代社会主义核心价值观的体现。无论我们走到哪里，都不能忘记我们是从哪里出发；无论我们走多远，都不要忘记来时的路。兴业报国，勇于担当，这是一代代浙商在艰辛的成功之路上用血汗留下的路标。

第一节　家国情怀　富而思源

在浙商的民族精神中，爱国主义为核心。近代浙商经历了军阀混战、北伐战争、日本侵华、内忧外患等历史时期，于波澜跌宕、风云变幻的乱世中修身、齐家、立业、报国。在时代变革和国家动荡中，他们身上不仅有追逐梦想、为实现梦想努力奋斗的心路历程，还有达则兼济天下、初心不改的家国情怀。

一、实业救国

刘鸿生，浙江定海（今舟山）人，中国近代著名爱国实业家，以经营开滦煤炭起家，后将资本投资于火柴、水泥、毛织等行业，成为集"煤炭大王，火柴大王，毛纺大王，水泥大王"于一身的"企业大王"。

刘鸿生是个精明强干的实业家，更是个热忱的爱国者。在他的身上涌动着民族实业家特有的强烈的爱国情怀。

1937 年，卢沟桥事变震惊了全国，也震惊了刘鸿生。他积极地投身上海抗敌后援会，并加入了上海市伤病救济委员会以及物资供应委员会，且担任这两个组织的总干事。他还积极投身慈善事业，加入中国红十字会，并担任副会长。

刘鸿生为抗日竭尽全力。尽管公司事务忙得不可开交，他仍亲自参与物资的募集、运送和伤员安置，对每件事都一丝不苟，并定下所有单据必须由他亲笔签字的规矩。因为刘鸿生始终坚信：企业要发展离不开国家的安定。

随着战火的不断扩散，刘鸿生旗下的产业也遭受了很大程度的破坏，面临严重的经营困境。他旗下的华商上海水泥基本上停产，无法再继续进行生产经营，大中华火柴已经停业，中华码头也遭到了战火的破坏，章华毛纺停业，银行业务全面萎缩，他不得不思考未来该如何应对。

在上海沦陷前期，刘鸿生向国民政府递交意见书，建议建立自由商埠。意见书代表了大多数民族工商业者的愿望，体现了他们要求发展工业、振兴国家经济的远见卓识和爱国热情。然而，刘鸿生的满腔热情换来的却是石沉大海。

终于，在 1938 年 6 月的一天，已经 50 岁的刘鸿生支撑不住了，一腔热血的冷却以及日本人的威逼利诱让他难以继续在上海滩停留下去。他带着对国民党政府的无尽失望，独自离开了上海。

看着浦东的一座座堆栈、码头、工厂和仓库，他忍不住流下眼泪。想到他拼搏半生的心血马上要落入日军之手，刘鸿生悲痛欲绝。他捏紧了拳头，气愤地说道："宁为玉碎，不为瓦全！"

在香港休整了一段时间后，刘鸿生决定振作起来，在后方干一番事业。这时，国民党蒋介石发来电报，邀请刘鸿生到重庆领导后方工业基地建设。刘鸿生意识到这对于他重新回到内地发展事业是一股东风，但也可能是潜在的威胁。

刘鸿生回到上海后，把全部精力投入战后救济工作中。妻子看着刘鸿生日渐苍老的脸，对他说："一转眼，我们已是快 60 岁的人啦！虽然经过 8 年苦难，总算熬出来了，以后我们可以歇一歇，享享清福了。你说是吗？"刘鸿生没有回答，但似乎点点头。因为他看到刘氏集团的公司都已收回，大量的救援物资源源不断地运进来，正是发展实业的大好机会，他身上的创业热情又奔腾了起来。

可是，好景不长，美好的幻想被美国的商品倾销摧毁，刘氏企业等来的是更沉重的打击。

美国产品的泛滥还未平息，通货膨胀又如脱缰的野马奔腾而来。蒋介石发动内战后，政府预算赤字越来越高，到了 1946 年，已经发展到了资金枯竭、民不聊生的地步。中国民族工业濒临崩溃，刘鸿生被迫再次远走香港。

上海解放后，周恩来专门派人到香港，劝说客居香港的工商界人士回到内地来，带着他们的资本和才能，为中华人民共和国的经济建设事业添砖加瓦。周总理坦率而又诚恳的态度深深地打动了刘鸿生。他意识到共产党与国民党是完全不同的党派，自己可以充分信任共产党，回到内地去。

在上海，刘鸿生积极配合陈毅市长开展经济恢复、救济和安置工作。尽管他当时身体并不好，却仍然坚持带病参加各种政治活动。1954 年，对于刘鸿生旗下的刘氏企业集团来讲是一个重要的时间节点。在这一年，刘鸿生的刘氏企业集团正式向上海市政府递交申请，变更为公私合营企业，纳入社会主义公有制体系，实现了他人生的一次重大飞跃。

有人问刘鸿生是否真的愿意。他认为，自己作为一个资本家，把辛辛苦苦、呕心沥血创办出来的企业上交给国家，其实是有点舍不得的；但是当自己作为一个民族资本家的时候，却很舍得。因为自己历经几十年的艰辛，就是为了实现一个理想，那就是使我国的民族工业更加发达。但一个人、一个企业的力量是微薄的，不足以实现这个理想，而现今共产党倡导的社会主义是达到这个理想的最便捷途径，那么既然能够实现这个理想，他就愿意把自己创办的企业上交给国家，这能够让自己感到骄傲和幸福。

刘鸿生秉承"实业救国"的理念，在艰苦卓绝的道路上奋勇前进，不怕风雨，坚忍不拔，奋斗终生。刘鸿生毕生致力于振兴祖国实业的伟大事业，他创办的企业至今仍然在造福于祖国和人民。

二、以身殉国

项松茂，浙江鄞县（今宁波市鄞州区）人，中国新药业先驱。

项松茂，名世澄，别号渭川。项松茂开始商业活动的时间很早，他 14 岁就离开了家乡，来到苏州，成为一名学徒。他肯吃苦，学得快，很快就获得了升迁。到了光绪二十六年（1900 年），他已经在上海中英药房担任会计一职，后来一路升迁，先后担任汉口分店的经理、汉口商会的董事。此后，他从武汉调回上海，在五洲药房担任总经理一职，一做就是 21 年之久。在担任总经理期间，项松茂亲自到日本考察日本的制药工业，学习日本先进的技术和经营管理经验，并且数次派人远赴欧美，学习欧美先进技术并应用到药房的经营中来。在项松茂的带领之下，药房的生意蒸蒸日上，很快就在天津开设了分店。项松茂还十分注重药房口碑的积累，他利用流动资金和药房的产品，帮助伯特利医院和妇幼医院完成组建，赢得了良好的名声。他认为药房不能只是卖药，还要进行药品的生产和创新，于是收购了德国商人经营的肥皂厂，研发甘油、牛痘、人造自来血等药品。项松茂还出版了一本书，叫作《卫生指南》，旨在为国人宣传基本的医药知识，让国人能有意识地维护自身健康。后来项松茂又先后投资了十几家公司，并且兼任董事。在五四运动的影响之下，国货的销量大幅增长，再加上五洲厂生产的肥皂价格低廉而质量又高，因此非常畅销，市场占有率远远高于英商生产的肥皂。英商企图以高于五洲厂总资产的代价来收购五洲厂的商标和产品，却被项松茂严词拒绝。英商受到挫折以后，又想出一个歪点子，降价赔本销售自己生产的肥皂，用伤敌一千、自损八百的方式打价格战，企图将五洲厂的肥皂挤出市场。可是项松茂也毫不退缩，在降价的同时，加紧技术研发，使产品质量进一步得到提高，把品牌打得更响，英商的卑劣企图便被破坏了。

在"九一八"事变以后，爱国的项松茂痛心疾首，他积极地投身到抗日救国运动当中来。他担任上海市抗日救国委员会的委员，联合上海市的其他 5 家药房发布声明，抵制日货，并且将工厂里的全部职工组织成一支军队，聘请军事教官对职工们进行严格的军事训练，自己担任他们的营长，积极备战，这引起了日军的注意和仇视。

淞沪会战爆发以后，上海的守军为了抵抗日军的入侵，全力奋战，损失惨重，急需药品。项松茂和他的工厂接受了军用药品的生产任务，日夜赶工，以期能够及时地供应前线的需求。当时五洲药房的一个分店位于战区的边缘，药房内有 11 名职工。一天晚上，一辆日军军车在行驶到分店附近的时候，被一位爱国人士狙击。日军怀疑这次袭击行动与分店有关，第二天早上就来到分店，强行闯入进行搜查，搜出了义勇军制服以及抗日的宣传材料，于是，店内的所有职工都被日军逮捕了。职工被捕的消息传到项松茂那里，他非常生气，决定亲自前往日军的营地营救职工。可是还没等他前往营救，他自己也被日军突然逮捕了，并在第二天惨遭日军杀害，毁尸灭迹。在项松茂为国捐躯以后，他崇高的爱国主义精神得到了政府和当时许多名人的认可和宣扬。在他去世 50 年以后，他的爱国主义精神和英勇事迹还没有被后人所遗忘，全国人大常委会副委员长许德珩为他写下了缅怀、赞扬的题词："制皂制药重科研，光业光华异众贾。抗敌救友尽忠诚，爱国殉身重千古。"

第二节　明理兴学　富而思进

一、立志兴学

叶澄衷，浙江镇海人（今宁波市镇海区），原名叶成忠，清末资本家，宁波商帮的先驱和领袖。叶澄衷因为善行，有口皆碑，曾被朝廷传旨嘉奖，被誉为"首善之人"。在宁波商帮中，一直流传着这样一句话："做人当如叶澄衷。"

叶澄衷以经营五金业起家。1862年，他在百老汇路开设了洋杂货摊，经过一番艰苦奋斗，终于家财万贯，海内闻名，他被业内誉为"五金大王"。在取得成就后，叶澄衷疏财重义，时刻不忘利物济人，在上海、宁波等地参与举办慈善公益活动。

上海开埠后，由于各种因素的综合作用，城市规模呈现出跳跃式发展，上海人口也以前所未有的速度增长。人口的快速增长导致就业和健康等一系列社会问题出现。叶澄衷看到龙蛇混杂、贫富不均的状况，就想着帮助穷困的人们。他在上海参与修建了崇义会、广益堂，同时还出任旅沪同乡组织四明公所的董事，积极参与四明公所举办的各项慈善活动。四明公所是维护旅沪宁波人切身利益的代表性组织，也是当时上海规模较大、影响较广的慈善机构之一，在它的章程中明确规定："本公所以建殡舍、置义冢、归旅榇、设医院等诸善举为宗旨。"

1871年，在上海的一次慈善会议上，叶澄衷坦言："兴天下之利，莫大于兴学。"他认为，国家贫穷是缺乏教育造成的，想要改变这一状况，就要大力发展教育。叶澄衷出身贫寒，他深感"幼年未曾识字，作业艰苦"之难，正如他亲手所写、悬挂于学校礼堂的对联所述："余以幼孤，旅寓申江，自伤老大无成，有类夜行思秉烛；今为童蒙，特开讲舍，所望髫年志学，一般努力惜分阴。"为此他立志振兴教育，资助办学，"从此学习之人学有进益，大则可望成才，小亦得以谋业"。

叶澄衷一生创办了许多所私塾和学堂，还通过慈善组织或捐款，为许多学校的建立贡献了自己的力量。不计其数的贫苦人家的孩子在他的帮助下获得了上学读书的机会，逐渐成长为国家的栋梁，在社会上发光发热。他创办的学校里面既有综合性的学堂，帮助穷苦的孩子接受现代教育，也有专业性的学堂，比如叶记商务学馆专门教授商业知识，还有专门进行英语培训的学堂。

在叶澄衷生活的清朝末年，自然灾害频频发生，几乎每年都有大规模的饥荒，譬如山西的旱灾导致粮食歉收，农民们无粮可吃；江浙一带的洪灾毁坏了人们的房屋，农田被淹没冲毁。在这些饥荒里，很多人都被饿死。但是由于清政府非常腐败，财政拿不出救灾的银子，因此并不能及时地向灾民伸以援手，救灾只能依靠社会力量来进行。在这样的情况下，民间兴起自发组织的义赈活动，江浙一带的绅商便是当时慈善活动的重要成员。叶澄衷也积极参与这些活动，召集同仁在上海设立慈善机构，带头捐出巨资，筹集钱款赈灾。

一些地方官员敬佩叶澄衷的德行，为他上书朝廷，申请封赏。1888年，清廷下旨嘉奖叶澄衷"勇于为善"，并赐给他"乐善好施"牌匾。

1899年，叶澄衷捐出了30多亩土地，这块土地位于寸土寸金的上海，他还拿出了10万两白银，希望能够在这块土地上建起一座学堂。可是在校舍还没有建成的时候，他就去世了。在临终之前，他立下遗嘱，嘱托长子要把学堂建设的事办理妥当。两年之后，学堂建成并使用，这座学堂便是"澄衷学堂"。

叶澄衷去世后三年，他生前委托族叔叶志铭在家乡筹建的叶氏义庄落成。叶氏义庄主要用作私塾和库房。当时宁波乡间盛行一句民谚："依澄衷，不忧穷。"1906年，"叶氏义庄"更名为"叶氏中兴学堂"，对族人实行义务教育。包玉刚、邵逸夫、包从兴、赵安中等一众宁波帮人士都曾在这里就读。

叶澄衷为了让手下诸多员工及其家属日后的生活有所保障，于1897年倡议建立"怀德堂"，目的在于"联同人而恤孤嫠"，他亲自订立章程，派人管理。

叶澄衷所代表的晚清公益慈善商人，突破自我，为国为民，努力施展自己的社会情怀和抱负。

二、善行天下

邵逸夫，祖籍宁波镇海，原名邵仁楞。相信大家对邵逸夫都不陌生，他是香港娱乐业大亨之一，在慈善事业中具有突出的贡献。邵逸夫认为，自己所拥有的财富都是从人民中来的，因此这些财富的用途不应当是满足自己的私欲，而是应当用之于民，回归到它本来的地方去。他不仅是说说，还做到了。

1973 年，邵逸夫设立邵氏基金会，致力于各种社会公益，因而受到了广泛的好评。1977 年，他被英国女王册封为爵士，成为香港娱乐圈第一位获此殊荣的人。美国旧金山市为表彰邵逸夫对该市的公益福利事业做出的贡献，将每年的 9 月 8 日命名为"邵逸夫日"。

20 世纪 80 年代，中国内地已经改革开放，内地与香港的关系破冰，在这样的背景之下，邵逸夫对祖国内地的关注日益密切。1985 年，邵逸夫向浙江大学以及中国保护敦煌画展项目分别捐款。邵逸夫认为，一个国家要想振兴，所依靠的根本力量还是人才，而人才的培养依靠的是良好的教育水平。邵逸夫为中国的教育呕心沥血，做出了非常大的贡献。一直到 2014 年，邵逸夫都没有停止对内地教育事业的捐助，他为内地教育所捐助的财产已经超过了 47 亿港元，投身建设的各类教育项目已经超过 6000 个，这些项目分布在中国的 30 多个省、自治区、直辖市，他捐助的逸夫楼遍布全国各地的校园。邵逸夫常常不辞劳苦，回到祖国内地，在祖国的大江南北走访调研，考察捐助项目的运行情况。

邵逸夫的故乡在浙江省宁波市，他对这个特殊的地方具有深厚的感情，因此也倾注了很多的心血。从 1987 年开始，他多次回到故乡探亲，并且为故乡捐助 4000 多万元，用于发展宁波的教育事业和文化事业，他的捐助项目包括宁波大学的图书馆和教学楼建设，他的祖屋康乐园以及逸夫剧院，等等。他还十分关注浙江省其他地区的慈善事业，为杭州邵逸夫医院捐赠了将近 1 亿元。20 世纪 90 年代初，浙江省政府和宁波市政府为了表彰邵逸夫为家乡发展做出的重要贡献，授予他"爱乡楷模""荣誉市民"等称号。

1990年，中国科学院紫金山天文台将一颗新发现的行星命名为"邵逸夫星"，这是紫金山天文台第一次以当代知名人士之名命名小行星。

2002年，邵逸夫斥资50亿元设立了邵逸夫奖，用来支持科学研究，该奖受到了科学界的广泛赞誉，甚至可以与西方的诺贝尔奖相媲美。邵逸夫奖共包括三个奖项，分别是数学、天文学以及生命科学与医学三个学科门类，颁奖周期为每年一次，奖金高达100万美元。邵逸夫奖对于参评人的国籍、种族、宗教信仰等没有限制，唯一的评奖标准就是其在科学研究领域取得的成果。

2008年5月，汶川大地震爆发，举国哀痛。邵逸夫在地震爆发后的第三天得知了地震灾区的情况，发现灾区的学校都遭到了严重破坏，师生伤亡惨重，他感到悲痛万分，当即与教育部取得联系，捐献了1亿港币，在教育部的配合之下帮助灾区重建学校，希望能够让灾区的学生们早日回到熟悉的校园，重新开始正常的学习和生活。2009年，在台湾地区"8·8"水灾关爱行动中，邵逸夫捐助了1亿新台币。2013年4月22日，邵逸夫夫妇向四川雅安地震灾区捐款1亿港币。据不完全统计，邵逸夫生前用于扶贫济困、捐资助学、社会公共事务等方面的慈善捐款超过100亿港币。

第三节　好善乐施　富而思报

浙江人有悠久的经商传统，但浙江又是一方"仁义之乡"。浙商素有友善爱人、好善乐施的优良传统和美德，在慈善大爱、公益精神上备受赞誉。尽管浙商遵循"在商言商"的商业法则，但浙商群体里很少有"唯利是图"之徒。对浙商而言，钱并不代表全部，它是一种生存的工具，同时更是实现自我价值和进取精神的有效途径。善待他人、回报故土、造福社会是浙商的共识。

2020 年，是不平凡的一年，新冠肺炎病毒肆虐全球。在抗击疫情的战斗当中，广大浙商充分传承和发挥了奉献精神，贡献了自己的力量，捐款捐物总价值超过 30 亿元。在这个数字后面，体现了浙商强烈的社会责任感和担当精神。

一、榜样企业有力量

浙江的商人拥有非常优秀的品质，譬如反应灵敏、积极有为、行动迅速、决策果断等。

2020 年初，新冠肺炎疫情突发，浙江省是全国第一个启动突发公共卫生事件一级响应机制的省份。在官方宣布一级响应的这一天，浙江省的工商联也发布公开信，号召广大浙商行动起来，积极地承担起社会责任，投身于抗击新冠肺炎疫情的行动当中去。

阿里巴巴是浙商企业的典型代表，在全球范围内都有广泛的影响力和知名度。在浙江省工商联的号召发出以后，阿里巴巴第一时间就捐助了 10 亿元人民币用于在国外采买抗疫物资。阿里巴巴积极承担社会责任，由于外卖商家在疫情期间面临困境，从 2 月 1 日开始，面向口碑以及饿了么平台上的商家，出台了一系列优惠措施，如年费延期、外卖服务急速上线、减免佣金等，从而帮助外卖商家渡过难关。同时，由于武汉市是新冠肺炎疫情的重灾区，武汉市的外卖行业面临着感染新冠肺炎病毒的风险，因此阿里巴巴还向武汉地区的外卖商家及配送员免费赠送医疗保险。药店在疫情期间发挥着重要的作用，阿里巴巴也为药店的经营提供了许多支持，譬如既不断贷，也不抽贷，使这些药店的店主能够减少资金支出，减轻经营负担。

吉利控股集团也是浙商中的一个代表企业。在浙江省工商联的号召发出以后，吉利控股集团和李书福基金会开展合作，共同设立了"新型肺炎疫情防控专项基金"，并向基金投入 2 亿元，用于新冠肺炎疫情的防控工作。同时吉利集团还捐赠了 94 辆吉利品牌的汽车，分配到了武汉、西安、贵阳和台州 4 个城市，用于物资调配及新冠肺炎疫情防控工作。

传化集团也是浙商中的模范，该集团在浙江省工商联的号召发出以后，捐赠了价值 3000 万元的现金和物资，以期能够为疫情防控做出贡献，同时还捐赠了 20 万瓶消毒液，发往湖北、浙江等省份。传化集团的创始人徐传化代表传化集团以及传化基金会，为杭州市捐赠了 500 万元用于疫情阻击战。

娃哈哈是浙商中的老牌企业。在新冠肺炎疫情暴发以后，娃哈哈多次向武汉、杭州等地捐赠生活物品，主要包括纯净水、活性含氧水、八宝粥、牛奶粥等，捐赠的数量超过 1.8 万箱。娃哈哈还向杭州市红十字会捐赠了 1000 万元，设立专项资金，用于支持奋战在抗疫一线的医护人员。娃哈哈董事长的女儿宗馥莉发起慈善基金会，设立专项资金，耗资 500 万元，从海外为国内的一线抗疫医护人员采购了 4 万多套防护服。

浙江省工商联主席王建沂在疫情防控中亦勇于担当，他旗下的富通集团第一时间捐赠了 1000 万元，用于支持浙江援鄂医疗队，还通过富通集团在日本和泰国等海外分公司，迅速采购和运输回了价值超过 200 万元的防疫物资，用于湖北和浙江抗击新冠肺炎疫情。

纳爱斯集团是位于浙江西南部丽水市的龙头企业，在新冠肺炎疫情暴发之后，纳爱斯集团发起了雕牌行动，出资 1000 万元设立了疫情保障专项资金，还捐助了集团生产的一系列消毒、清洁、除菌产品，总价超过 1000 万元。

在新冠肺炎疫情这场危机面前，浙商充分地发挥了自身的作用，万向、正泰、海亮、中天、均瑶、网易等浙商企业积极承担社会责任，充分发挥了企业的带头作用。

二、众人拾柴火焰高

虽然新冠肺炎疫情来势汹汹，但是浙商们亦正面迎战这场猝不及防的"大考"，联起手来共同对抗。浙商中实力雄厚的大企业充分发挥带头先锋作用，走在抗击新冠肺炎疫情的前列，而浙商中的那些小微企业以及众多个体户也不甘落后，纷纷为抗击新冠肺炎疫情献出自己的力量。

2020年1月下旬，宁波市淘淘羊公司总经理徐杉听说湖北省的许多医院都缺乏防疫物资，无论是医用口罩、防护服还是测温仪器，都供不应求。他想起来自己公司的仓库当中还存放着400支意大利进口的测温枪，于是连夜同湖北的相关部门联系，将这400支测温枪捐献给湖北。

浙江省云澜湾旅游集团董事长张虹非常关注每天的疫情通报，并且实时向企业内部进行情况宣传，做好自己企业内部的疫情防控，坚决不为国家、社会、政府添乱，同时他还自掏腰包，从自己的私人财产中拿出了100万元用于新冠肺炎疫情防控。

在新冠肺炎疫情暴发后，台州市工商联第一时间就发布了一封抗疫的公开信，号召工商联下属的商会以及1000多家企业共同支援武汉，组织捐款捐物，一共募集了将近2亿元的钱款和物资。

不仅浙江省内的浙商齐心协力，积极地对新冠肺炎疫情严重地区进行帮助，身在浙江省外甚至国外的浙商也自发地组织起来，积极行动，捐款捐物，表达他们对于新冠肺炎疫情严重地区的支持，以及他们深厚的爱国之心。

湖北省浙江企业联合会身处新冠肺炎疫情风暴的中心，他们以大局为重，积极扛起肩上的社会责任，引导湖北省内的浙商对湖北的新冠肺炎疫情防控工作进行全方位的支持，积极组织浙商进行募捐，一共募集到了超过4400万元的捐款物资。他们还积极地组织和参与专项活动，主动进行活动的衔接，确保活动能有效地落实。他们为每一支援鄂医疗队都配备后勤组，并建立后勤联系档案，保持固定的联系频率，并且每个小组每个星期都给每个医疗队的成员免费提供一个营养礼包，里面有各种生活物资和防护物资，十几支浙江援鄂医疗队在一个月的时间里，获得了价值300多万元的物资支援。

1月下旬，上海浙江商会在其微信公众号上发布了一封倡议书，充分发挥其在全国范围内的影响力，号召商会的全体会员积极地行动起来，投身于防疫物资的筹措当中，对武汉进行支援。这封倡议书发出仅仅10天之后，就有90多家上海浙江商会的成员企业捐钱捐物，总价值高达15亿元。还有30多家上海浙江商会的成员企业在国外进行物资采购，共采购了超过1000万件防疫物资，并把它们转运到武汉，用于抗疫一线的防疫工作。

在国内医疗物资非常紧缺的时候，身处国外的浙商迅速加强联系，将全球范围内的资源都整合、调动起来，统计国内缺少哪些抗疫物资，并在全球范围内不计成本地采购，将物资运回国内，捐献出来用于抗疫。这些浙商为了抗疫物资的运送尽心尽力，他们有的人亲自从国外赶回国内，只为了把物资运送回国，有的人委托旅行团把这些物资托运回国。

随着新冠肺炎疫情在全世界范围内的迅速蔓延，海外的新冠肺炎病例不断增加。国内疫情的形势逐渐稳定，海外的疫情形势却急速恶化。海外侨胞们的生命健康安全受到了严重威胁，这牵动着浙商们的心。浙商积极地筹集资金，联系慈善机构捐献的资金超过1200万元，全部用于海外华人华侨的抗疫，为他们提供救助。

新冠无情，浙商有情。浙商在抗击新冠肺炎疫情中充分体现了一方有难、八方支援的团结精神，折射出强烈的社会责任感和大爱之心，是新时代浙商兴业报国担当精神的生动写照。

开放大气的合作精神，是着眼全球、放眼世界，坚持把走出去与引进来有机结合，在整合资源中携手共进，在竞争合作中做强做优。改革开放40 多年后的今天，从北京、上海、广州等国内一线城市到中西部边远小城镇，从欧美发达国家到亚非第三世界国家，浙江投资者遍布全球，浙商的身影活跃于世界舞台。

第一节 团结开拓 抱团发展

浙商善于发现、占领和拓展市场，但要在市场中获取利润，就必须通过劳动分工。浙江人在市场竞争中的"抱团精神"，是让全国人民感受最深的。20 世纪初，上海的浙商这样评价自己：浙商在上海"之所以能事必成，功效显著，则系于团结之坚，组织之备，一遇有事，即能互相呼应，踊跃争先，以收其合作之效"。无论是国内的浙商，还是国外的浙商，都极好地继承和发扬了这种团结合作的精神。正因为这种"抱团精神"，才有了浙商发展过程中至关重要的合作、分工、信誉和诚信。

一、抱团精神

聚群是浙商的特色。只要遇到一个浙江人，只要认识一个浙江人，就很容易认识其他浙江人。社会学中有个非常流行的概念叫社会资本。社会资本是指运用社会关系资源，提高生存和发展能力。社会关系资源就像货币，是一种被用来投资获利的关系资源。浙商闯天下，很大程度上凭借的就是他们的社会关系资源，将社会关系资源转化成为社会资本。浙商利用的社会资本大部分局限在民间的社会关系网络，虽然在外出经商过程中也不断地寻找有政治官僚背景的社会关系，但是他们的立身之本还是民间社会关系网络。

　　然而，这并不是说浙商是封闭的、排他的。相反，浙江商人比其他许多地方的人更为开放。这种开放源于他们的流动性和他们的经济活动。浙商重视自己的社会关系，因为他们明白自己没有其他竞争优势。他们之所以重视自身的社会关系，并将其转化为社会资本，不是为了封闭自己，而是为了走到全球各地寻找资源，提升自己的竞争力，为了过上更好的生活。当他们积累了财富后，他们更清晰地认识到社会资本的作用和价值，从而更有意愿去帮助其他还没有富裕起来的老乡。正是在这样的互动过程中，社会资本的价值和功能得到进一步的提升和挖掘，成为浙商闯天下必不可少的资源。

　　当浙商通过社会资本积累了其他资本后，他们不但没有保守和内向化，而是变得更加开放。浙商非常重视社会资本，他们的目的是更好地适应外部环境，获得更多的社会经济资源，加强和提升自身的文化资源，不断取得新的成就。

二、海洋精神

　　老一辈的宁波人不会忘记，麦子成熟的季节夜间去撮泥螺，下海之前有一道例行的程序——清点参与人数。然后一字排开，一边赶海，一边要时不时叫喊旁边人的名字，听到名字的人要立刻应答，"一个都不能少"。

　　凶险的生存环境激发出宁波人的群体意识，与风浪抗争的生活方式无形中培养了宁波人的合作精神。这在"宁波帮"的发展过程中，得到了充分体现。他们重视团队合作，善于发挥群体联合优势。

　　例如，上海开埠后，宁波人纷纷涌入。他们大多数人是通过同乡找到工作的。朱葆三、叶澄衷等知名商人，开始都是由同乡或亲戚从宁波带来上海当学徒的，这也成为他们日后成功的重要机遇。

　　《鄞县通志》记载，宁波人"团结自治之力，素著闻于寰宇"。近代

"宁波帮"在创业经营过程中倚助家族同乡力量，相互扶持，相互依存，同舟共济，抵御商业风险，得以克服种种困难。

一个典型的例子就是 1911 年的"宁绍轮船公司事件"。为了搞垮宁波商人刚刚成立的宁绍轮船公司，当时经营沪甬航线的英商太古公司，进行低价倾销，导致宁绍公司亏损巨大，难以继续经营。为此，上海宁波同乡会组织"宁波航业维持会"，集资补贴资金，并动员南京、绍兴两地市民不乘坐太古洋船，最后英商被迫妥协，宁绍公司转危为安。

1908 年，由宁波商人集资创办的四明商业储蓄银行在上海开业，遭遇外国银行和洋行的多次排挤。金融市场一有风吹草动，便用四明银行发行的钞票来挤兑现洋。实力并不雄厚的四明银行能多次在挤兑风波中化险为夷，主要得益于宁波同乡的团结互助。

每次在挤兑风潮来袭时，宁波商人开设的各大商店、钱庄、银号，会主动代为收兑四明银行的钞票。此外，一些宁波籍的店员、小贩，路过四明银行门口，见有人持钞票排队等待兑换，也会掏出自己口袋里的银圆，换给挤兑者。甚至一些外地的宁波商人还特意赶来，倾囊相助。因而，挤兑风潮很快得以平息。正是这种共同抵御经营风险的自觉性和同乡互相扶持的凝聚力，使宁波商帮在激烈的商业竞争中得以立足。

海洋精神除了团结开拓，更有海纳百川的包容。

鸦片战争后，宁波被迫开放成为通商口岸，外国人与西方文化连绵不绝地涌入。宁波人取长补短，借助西方实行自由贸易的机会，开拓国内外商业贸易和金融活动。

第二节　整合资源　携手共进

一、兼容并蓄

章树根，一个兰溪人民所熟知的名字。

早在 1985 年的 7 月，章树根就带领将近 200 名农民，凑了 20 多万元，创办一座水泥厂，为其起名为"立马水泥厂"。开始的时候，立马水泥厂只是一个不起眼的小厂，年产量只有 1.5 万吨，产值只有 150 万元。但是经过几十年的奋斗，立马水泥厂不断发展壮大，经营规模不断扩大，年产值已经达到 13 亿元，旗下聘用员工超过 3000 名，还拥有 8 个子公司，涉及的行业包括纺织、房地产、水泥等。

章树根为了使立马水泥厂尽快实现现代化的规模生产，对水泥厂的经营机制进行了根本变革，扩大企业的规模，为企业注入发展的活力，充分发挥企业的集聚优势。1994 年，立马水泥厂转型升级，以兰溪市灵洞水泥总厂为核心，成立了浙江立马集团公司。公司主要涉足三大行业，即机械、金属加工和建材，一共推出 6 个主导产品，开启了多元化经营的新局面。这一年，公司的总资产超过 1.5 亿元，为国家上缴的税额达到 3000 万元。在立马集团成立的第二年，它被农业部评为乡镇企业集团全国 500 强。

章树根并不满足于立马集团当时的规模，于是在 1998 年并购了兰溪市诸葛水泥厂，成立兰溪市龙马建材公司，并且对建材公司进行股份制改革，建立公司法人治理结构。公司在 1999 年通过了农业部全国乡镇企业现代企业制度试点验收。2002 年，立马股份有限公司和云山纺织印染有限公司进行合作，合并重组成为立马云山纺织有限公司，走出了一条契合兰溪实际情况的资本、机制、人才以及技术相结合的新路，既发挥了立马股份的资金优势，又突出了云山纺织的专业技术优势。2003 年，立马控股集团股份有限公司成立。新公司的建立，改变了"一个厂，一条线，一种产品"的生产模式。2007 年，立马公司为了促进区域经济发展，又与国内大型央企中国建材合作，以浙江立马水泥有限公司 5000 t/d 生产线加盟南方水泥。这一系列动作加强了专业化合作，有力地促进了企业规模经济的发展。

二、借力突破

叶耀庭，出生于绍兴，身材不高，眼睛不大，总爱笑，讲话时的语气总有一份自信。

1978 年 7 月，叶耀庭高中毕业后做了一年代课教师，之后进了供销社，成为一名营业员，自此与零售结下了缘分。几十年来，叶耀庭做过五交化营业员，先后担任过采购柜组长、副经理、经理、公司总经理助理、基层社主任。1999 年 7 月，叶耀庭从绍兴县最大的基层供销社一把手换岗上任供销超市公司总经理。虽然企业刚刚起步，条件很差，工作压力巨大，但对连锁事业十分上心的叶耀庭自此走上了潜心实践连锁经营的道路。

叶耀庭与大部分绍兴人一样，喜欢吃"臭"，特别喜欢霉菜根、臭豆腐。他说："我不是农民出身，但喜欢和农民打交道，喜欢腻在农村。我感觉农村市场就像臭豆腐，闻起来臭，吃起来香。"而浙江供销超市也正是从农村起步。

农村连锁超市的市场非常广阔，但是也具有区域性的限制因素。如果始终坚持连锁超市这一个单一的业态，企业能走得长远吗？叶耀庭公开表示，连锁超市的经营应当深入挖掘商业经营的盲区，开辟出新的市场和销售热点，用一个个小网店连接成一张巨大的商业网络，用一个个性价比高的惠民商品挖掘出巨大的市场潜力，这样就可以降低连锁超市的扩张成本，采取区域性的推进战略。在先进的经营理念的指导下，叶耀庭旗下的连锁超市保持着良好的利润率。

叶耀庭认为，当企业发展到一定规模，就会遇到瓶颈，停滞下来。这时就需要借助外力突破自己。1997 年，叶耀庭手下只有 4 家门店；5 年以后，叶耀庭的连锁超市已经扩大到 70 家，实现了对绍兴市各个乡镇的全覆盖；又过了 3 年，连锁超市的数量扩大 10 倍，达到 700 家；至 2013 年，已经成为拥有 2300 多家门店的大型连锁企业。浙江供销超市成功实施了"农村包围城市"的连锁经营之路。在此发展过程中，这一系列令人振奋的数字背后，顺势而为的资本运作是浙江供销高速发展的动力。

在 2002 年 11 月，浙江精工集团开启了内部整合，这为浙江供销提供了难得的机遇。浙江供销超市向绍兴县政府求助，请求其帮忙协调。在绍兴县政府的协调和帮助之下，浙江供销雷厉风行地收购了华能超市。华能超市隶属于浙江精工集团，是绍兴市的第一家超市，历史悠久，实力强劲，市场认可度高，在绍兴市拥有 19 家门店，旗下员工超过 500 人，一年的销售额高达 1.3 亿元。在实现了对华能超市的并购以后，浙江供销成为绍兴市规模最大、门店最多、辐射范围最广的连锁超市。这两家公司合并以后，能够用自己的优势弥补对方的短板，强强联合，双剑合璧，还调整了一些线下门店的布局，使公司的运营成本大幅降低。浙江供销超市并没有满足现状，而是具有长远的发展目标，那就是开设便利店。通过收购华能超市，浙江供销距离自己的目标更近一步。

浙江供销超市的合作之路并没有停止。2008 年，它与杭州天天物美商业有限公司建立了合作伙伴关系，借助其出色的管理经验来完善自身的经营管理。物美集团具有非常强劲的实力，十分擅长大卖场运营、生鲜食品的采购和经营、人才招聘、培训以及商品选购等。此次合作对于浙江供销超市的上市具有巨大的推动作用，每年可以采购的资源甚至达到了 300 亿元之多。借力突破，有利于企业更好地通过发挥上市公司先进管理理念和资本渠道优势，使企业的核心竞争力得到进一步增强，使公司向前发展的速度越来越快，快速实现公司既定的年销售 50 亿元、利税 2 亿元的目标！

浙江供销的并购之路仍在继续。2010 年 1 月，浙江供销买下老大房超市 51% 的股权，从而实现了对老大房超市的控股。当时，湖州老大房超市正处在经营困境当中，资金不足，信息技术不先进，缺乏大卖场，因此股价较低，收购股份较为容易。但是浙江供销可不是在做亏本的买卖，它看中的是老大房超市独特的优势和强大的发展潜力。老大房超市拥有 36 家线下门店，还拥有 500 多家加盟店，有很高的市场占有率，也有很多黏性很强的消费者，在消费者市场中具有很强的竞争优势。在收购完成以后，浙江供销将自身总结出来的成功经营模式应用到老大房超市的商业经营中去，对其进行改造升级，帮助其提高收益。

浙江供销超市通过三次资本运作迅速扩大整体规模，提高经营效益，占据市场先机。

然而，随着劳动力成本的上升、店面租金的提高，很大一部分超市出现经营亏损，零售行业面临"寒冬"。叶耀庭为实现"企业梦"，提出了措施：第一，当零售行业受到冲击之时，不能对零售行业失去信心，而是要坚守事业，增强信心；第二，要对超市进行适宜的经营管理；第三，要充分利用高科技，积极推动机器替代人工，增强创新在超市经营中的运用。

三、合作共赢

喻渭蛟，浙江桐庐人，2000 年创办圆通速递。成立之初，公司只有 17 个员工、12 个经营网点。当时民营快递处于起步阶段，国家政策还没有完全放开，快递这个行业还是属于国家邮政的垄断行业，民营快递被套上"黑速递"的帽子。经营"圆通"的头几年，生意冷淡，日均速递接单才 80 多票，每月要亏损 20 多万元。喻渭蛟感慨地说："那个时候，真是艰苦创业，每人每月工资才 600 多元，有时候买汽油的钱也要向人借，公司小食堂买米经常要向门口的米店老板赊账。当时，自己既当老板又当伙计，每天 6 点起床，经常忙到深夜 12 点才睡觉，不仅要跑业务，还得干搬运的工作。"即便是这样，喻渭蛟也认定一个理——随着中国的信息化发展，快递的春天一定会到来。

2005 年，圆通公司与阿里巴巴集团签订合作协议。喻渭蛟决定把异地快递派送费用从每单 18 元降到每单 12 元，这遭到众人一致反对。彼时中国邮政快递的异地配送费用还高达每单 24 元。换句话说，圆通公司的异地快递派送费本来就比邮政快递的便宜 1/3，但喻渭蛟却还要继续降价。喻渭蛟这次的决定有点冒险。但是，当时的他也并非完全心甘情愿做这个决定。这是淘宝网提出的条件——想要和淘宝合作，入驻淘宝网派送平台，就必须降价到每单 12 元。由于那时淘宝网的业务量还不大，除了圆通以外，完全没有其他快递公司愿意降价与淘宝网合作。喻渭蛟有着敏锐的商业嗅觉，他认为发展电商可能是今后的大趋势，所以力排众议。当时只有喻渭蛟的圆通快递入驻了淘宝网派送平台。

2009 年 10 月 1 日，新《邮政法》的颁布使民营快递企业获得合法地位，为中国民营快递的发展带来新的历史机遇。借着电商进入爆发式增长的契机和政策的东风，快递业得到迅猛发展。喻渭蛟和圆通公司作为当时唯一入驻淘宝网平台的先行者，最先尝到甜头，迅速发展壮大。而圆通公司与阿里巴巴集团的合作也日趋深入。2015 年，阿里巴巴集团战略投资入股圆通公司，圆通公司也将自有货运飞机命名为"淘宝网"号。

2015 年是圆通公司创业的第 15 年，喻渭蛟在美国签下了购买 15 架波音货机的大单，成为国内继中国邮政和顺丰公司之后，第三家拥有自备飞机的快递企业。2016 年 10 月，圆通速递在行业内率先上市，成为中国快递行业的首家上市公司。

第三节　放眼全球　拥抱世界

一、变道追赶

李书福，浙江台州人。他于 1986 年创建吉利集团，以生产冰箱配件、摩托车起家，1997 年正式进入汽车行业。作为中国第一家民营汽车制造厂商，吉利的造车之路是从无到有、从小到大、从弱到强。内部加速技术创新，完成升级转型；外部加强资源整合，完成全球化布局。吉利集团走出了一条特色鲜明、成果显著的民营企业转型之路，为我国自主品牌车企的发展树立了标杆。

早在 2001 年，吉利就对全球汽车行业未来格局做了战略性评估，认为依据世界经济发展规律，未来 10 年部分传统世界汽车巨头将面临新一轮的洗牌，这对发展中的吉利很可能是个机遇！

2007 年 5 月吉利对外宣布：吉利汽车进入战略转型期，提出新的企业使命——造最安全、最环保、最节能的好车。吉利不再像以往那样通过低价策略获得市场竞争优势，而是开始转变发展战略——从"低价战略"向"技术先进，品质可靠，服务满意，全面领先"转型。这一转型意味着吉利不再凭借价格优势竞争，而是走向技术引领的高端竞争。

这场技术战该如何打？在不断投入研发、加强自主研发能力的同时，吉利依靠海外收购国际领先企业的方式获取核心技术，结合国际资源加强自身的创新能力。

2009 年，吉利收购了澳大利亚 DSI 公司，这是世界第二大独立自动变速器生产商。DSI 公司可年产自动变速器 18 万台，是美国福特、韩国双龙和印度马新爵等车企的重要供应商。通过此次收购，吉利将 DSI 先进的自动变速器产品和技术引进中国汽车行业，加强了吉利研发和生产自动变速器的能力。

2010 年，吉利以 18 亿美元的价格收购了沃尔沃 100% 的股权。吉利通过本次并购获得了沃尔沃轿车商标在全球范围的所有权和使用权，同时拥有了沃尔沃分布于 100 多个国家的 2325 个销售和服务网点，以及涵盖发动机、整车平台、模具安全技术和电动技术在内的 10963 项专利和知识产权，这为吉利突破技术瓶颈、提升创新能力打下了坚实的基础。

从变道追赶到弯道超车，不到 8 年时间，李书福连续将沃尔沃、宝腾、路特斯、伦敦电动汽车收入麾下。通过海外收购嵌入国际前沿技术，并以此为契机融入全球化创新网络，整合创新资源，通过不停学习、消化、吸收和改进领先者的先进技术，最终完成了技术的追赶和超越。

二、联合共生

王水福，浙江杭州人，西子联合控股集团董事长。王水福认为，西子是"草根"出身，虽然生命力顽强，但要成为百年企业，立于世界名企之林，必须对草根基因进行一定的改造。按照生物学原理，最好的改造办法就是"嫁接"——与同行优秀的基因深度融合。

西子公司最初选择了和世界电梯巨头——美国奥的斯电梯公司合资。1997 年，西子奥的斯电梯有限公司组建成立。美国奥的斯打破了与中国企业合资必须由美方控股的惯例，破例让王水福一方持股 70%，自己为小股东。2001 年，首轮 5 年合资期满，对公司经营状况甚为满意的美方提出增资控股的要求。王水福欣然同意，并将中外股份的比例从 7∶3 调整为 2∶8。

许多人不理解，当初连美方都同意让出控股权，现在经营状况那么好，"西子奥的斯的话语权更大了，为什么还要让步？"王水福自有他的道理：这不是让步，而是双方各进一步！因为合资公司并不仅仅是资金的融合，更重要的是背后的技术、管理、文化等看不见的东西的融合。

股份比例调整后，美方投入了更多更新的技术、工艺和管理，使西子奥的斯在全球奥的斯体系中的战略地位大大提高。法定代表人、董事长、总经理等关键岗位也均由西子奥的斯一方担任，西子奥的斯很快成为奥的斯公司全球最大的生产基地，也成为奥的斯在我国全部合资企业中经营规模最大、经济效益最好的一家。王水福坚信的"合作重于竞争"这一核心理念，成为西子人的共识。在"合作重于竞争"的核心文化指导下，西子联合陆续和世界500强企业，包括日本石川岛、美国通用电气、德国西门子、法国阿尔斯通、欧洲空客、美国波音等国际制造业巨头紧密合作。深度合作带来了管理制度的创新和各种文化理念的融合。对西子联合来说，脱胎于村办农机厂的"草根"基因逐渐弱化，优秀的企业文化逐步形成，企业的软实力和持续竞争力正不断提升。

三、和而不同

李如成，浙江宁波人，雅戈尔集团总裁。李如成的初始文化程度并不高，他连初中都没有毕业，就报名去村里插队，在农村一待就是15年。15年后，党的十一届三中全会召开，农村的知青们纷纷开始返回家乡所在的城镇，李如成也在这一批知青返乡潮中离开了农村。到了20世纪80年代末，李如成已经接近而立之年，这时，他进入了镇里的青春服装厂工作。这个服装厂说是工厂，其实更像是小作坊，条件非常简陋，工厂的工作车间就是村头戏台子下面的地窖，服装加工设备就是工人们自己从家里带来的缝纫机。工人的工作也没有什么技术含量，就是为其他工厂代加工一些简单的低端产品，比如短裤、短袖之类。虽然条件十分艰苦，但是李如成丝毫没有抱怨，反而十分珍惜这份来之不易的工作，勤勤恳恳、踏实肯干，工作效率很高。领导把他的努力看在眼里，很快就把他提拔为生产组长。可是好景不长，随着市场经济的发展，服装市场的竞争日益激烈，这个小小的、主要从事低端加工业务的服装厂并不具备和其他服装厂竞争的优势，拉不到订单，接不到业务，眼看就要倒闭了。李如成为了不让自己和厂里的 100 多个知青下岗失业，积极寻求救活服装厂的路径。他偶然听说东北有个服装厂正在寻找代加工的合作伙伴，便毛遂自荐，跑到东北去联系那个厂家。在他的努力下，这笔订单终于拿下了，对方从东北运来了 12 吨面料，这个大单子足以令服装厂起死回生。完成这笔订单，对于当时的服装厂来讲是一个不小的挑战，李如成在这个订单的完成过程中充分展现出杰出的经营管理才能。他既是设计师，又是调度员，把订单生产、发货的各个环节安排得有条不紊。在这一年的年底，服装厂进行年终盘点，发现服装厂这一年的利润竟然达到 20 万元之多，要知道前几年的年利润不过几万元。随着服装厂利润的增加，工人的工资也水涨船高，从往年的一个月 20 多元涨到了一个月七八十元。这些都离不开李如成的努力。因此，李如成获得了服装厂工人们的充分信任，成为新一任服装厂厂长。

（一）横向联营

由于乡镇企业的实力并不是很强，储备资金也不充裕，因此，乡镇企业要想生存和发展，横向联营是一条重要途径。李如成担任服装厂厂长没多久，就听到一个消息：上海开开衬衫厂正在寻找联营的加工厂。上海开开衬衫厂是百年老厂，实力非常雄厚，李如成非常心动，马上买了前往上海的火车票，赶往上海的开开衬衫厂进行面谈。虽然当时李如成的服装厂并没有特别突出的优势，但是李如成凭借真诚和坚韧，打动了开开衬衫厂的决策层，顺利地与其确立合作关系，成为开开衬衫厂的横向联营伙伴。开开衬衫厂向李如成的服装厂派出几位师傅进行生产指导，李如成将这几位师傅当作贵宾招待，经常虚心地向他们讨教问题，总结经验，并应用到生产中去。在李如成的带领之下，服装厂脚踏实地，蒸蒸日上，仅仅用了两三年的时间，就获得了数百万元的利润。

横向联营固然有许多优势，比如能够获得先进的管理经验，使自家工厂的团队获得良好的培育，还能够学习先进的技术，拓宽业务渠道，积累一定的资本，等等。但是横向联营也具有无法避免的劣势，那就是容易受到他人的限制，向上发展的空间也有限。企业如果想要突破发展的局限，就需要拥有自主的品牌。

在那个年代，物资还十分短缺，市场远远没有饱和，只要产品质量好，完全不愁销售。1986年，李如成创建了自己的第一个品牌——北仑港衬衫。由于质量高、价格低，这种衬衫一经推出，就在市场上遭到疯抢，成为全国范围内的畅销产品。

李如成并没有被成功的喜悦冲昏头脑，他清楚地看到了北仑港衬衫存在的问题。它虽然在一时之间受到了市场的欢迎，但是后续的发展潜力不足，因为它具有过于浓烈的地域色彩，很难得到全国人民的广泛认同，而且品牌的文化内涵并不丰富，具有进一步提升的空间。1990年，李如成创办了中外合资企业雅戈尔。雅戈尔（YOUNGOR）是"青春"两个字的英文单词的缩写。从内涵上来讲，他认为这个品牌既是对原有的青春服装厂的延续，也寄托了对企业未来发展的期望：永葆青春。此外，不管是中文还是英文，"雅戈尔"读起来都非常顺畅，很有记忆点，从形式上来讲也是一个不错的品牌。

李如成从服装厂里选派优秀员工，送到国外学习著名品牌的先进经验，引进国际服装产业的高标准，严格要求自身产品的质量，因此雅戈尔品牌的起点很高。雅戈尔的产品一上市就立刻受到了全国人民的欢迎，订单源源不绝。

1991年，雅戈尔获得"中国驰名商标"的荣誉称号。在当时的中国服装行业当中，仅有两家品牌获得了这一殊荣。7年之后，雅戈尔品牌正式上市。当前，雅戈尔集团的资产已经超过50亿元，每年生产的衬衫超过1000万件，生产的西服超过200万套。此外雅戈尔集团还从事其他品类服饰的生产，每年产量超过2000万件。雅戈尔集团的主力产品是衬衫和西服，这两样产品的产量和市场占有率都位居亚洲榜首。

（二）借船出海

近年来，世界产业结构进行了调整，李如成为适应新的世界经济形势，决定扩大企业的国际经贸合作，推动企业产品走出去，走向国际市场。李如成带领团队与美国、法国、意大利、日本等国家和地区的服装行业领军人物频繁接触，在这些地区与当地的巨头合作，建立贸易机构，从而拓宽在海外的销售渠道。最近几年，中国纺织品的出口形势并不乐观，常常能够看到中国纺织企业的出口纠纷官司。但是雅戈尔的主力产品在海外市场的销售却丝毫没有受到影响，销售形势反而比往年更加喜人。雅戈尔拥有非常强大的管理团队，他们帮助雅戈尔规避各个国家和地区设立的贸易壁垒，在国际贸易纠纷当中独善其身，取得胜利。

李如成认为，服装的外贸和出口不能把鸡蛋都放在一个篮子里，而是要用两条腿走路，既要拥有自主品牌，也要积极地进行贴牌加工生产。但是品牌在开拓国际市场的时候，不能打价格战，不能用伤敌一千、自损八百的形式，与国内的厂商进行恶性竞争。如果企业总是打价格战，那么企业的产品就会成为价低而质劣的代表。雅戈尔在同国外企业开展合作的时候，总是把谈判安排在最后。他首先邀请代理外商参观工厂的车间、生产设备、工厂员工的生活环境，让外商亲眼看到雅戈尔的实力同国际顶尖的企业相比也丝毫不逊色。虽然雅戈尔的报价要比国内的服装公司高出一大截，但是一分价钱一分货，高出多少价格就能高出多少质量。如今想与雅戈尔合作的外商纷至沓来，但李如成还要严格筛选。因为欧美服装行业反倾销贸易壁垒官司较多，雅戈尔特意分出一部分外贸加工产能，留给东南亚和中东地区的客户。出口渠道广了，雅戈尔就能够在国际市场上更加游刃有余。

第 七 章
诚信守法的
法治精神

　　诚实守信，是浙商从改革开放初期的名不见经传，到如今稳坐国内商帮头把交椅之势的一大法宝。从草根到中流砥柱，从优秀到杰出，从能力到能量，诚信为浙商的不断成长和繁荣注入强大的动力。从封建社会时期的"真不二价"到改革开放初期的"怒烧假货"，再到这几年的"绝不行贿"，诚信一直是浙商最耀眼的底色。

第一节　规矩做人　认真做事

　　商海沉浮，浙江人创造了一个又一个的商业神话。浙江人赚钱的方式很多，但能让他们永远立于不败之地的最大诀窍是"讲诚实，守信誉"。什么是诚信？诚，即真诚、诚实；信，即守承诺、讲信用。诚信的基本内涵就是守诺、践约、无欺。通俗地表述，就是老实说话、老实办事、老实做人。

一、戒欺存真

　　冯根生，出身于一个医药世家，曾经担任过中国（杭州）青春宝集团有限公司董事长，正大青春宝药业有限公司总裁、副董事长。

　　1949年1月，14岁的冯根生小学刚毕业，便进胡庆余堂做了学徒。直到当年5月，杭州解放，传统的收徒制取消，因胡庆余堂每年只招收一名学徒，冯根生成了胡庆余堂的"末代学徒"。

　　进胡庆余堂做学徒，第一件事就是按照老规矩在"戒欺"匾下席地三拜。"戒欺"是胡庆余堂的堂规，意为"戒掉一切欺骗"。匾文共102字，其中开头写道："凡百贸易，均着不得欺字，药业关系性命，尤为万不可欺。"堂规是作为学徒的冯根生必须铭刻于心的内容，要记得住、背得出，这些堂规成为他一辈子做人和经商的准则。

学徒期间并不轻松，师傅除了要考药材、药方等硬功夫，还要考验"人品"。有一次在院内扫地时，冯根生在地上捡到了钱，随后默默地将钱放回抽屉里。后来这样的情况又发生了很多次，他都没有放在心上，只是觉得奇怪，自己总能在各种地方捡到钱。直到 11 年后，病重的师傅才告诉他实情，原来，从冯根生进入胡庆余堂第一天起，老板就叮嘱师傅对他进行考验，师傅前后一共考验了他 15 次，冯根生每次都把钱放了回去。后来老板才完全信任冯根生，并赞赏道："这个小鬼连捡来的都不要，偷便更加不会。"

如果大家了解青春宝和胡庆余堂的历史发展轨迹，就能够了解为什么胡庆余堂会被青春宝集团收购，因为胡庆余堂在当时已经资不抵债。胡庆余堂历史悠久，怎么会沦落到这样的经营困境呢？根本原因就在于不诚信。胡庆余堂由于经营不善，给工人发不出工资，工人就到外面去弄来一些药物，在胡庆余堂的门口进行贩卖，并且大声叫嚷道自己卖的才是真药，胡庆余堂里卖的是假药，胡庆余堂里的伙计则说药堂里卖的是真药，外面的工人卖的是假药。这样一搅和，外面的群众也不知道胡庆余堂到底卖的是真药还是假药，不敢再在胡庆余堂里买药。青春宝集团收购胡庆余堂后，冯根生对胡庆余堂进行了大刀阔斧的整改，提出了三条整改措施，第一条就是擦亮牌子，把胡庆余堂传承百年的店规重新树立起来，那就是"戒欺"。在冯根生的带领下，胡庆余堂重获生机，依靠诚信，重新获得了消费者的信任。

青春宝集团的主打产品是保健品，保健品市场的产品更新换代非常快，一种产品通常流行三五年就会在市场上销声匿迹。青春宝集团的保健品青春宝却畅销了 30 多年，其中有什么秘诀呢？冯根生认为秘诀就是诚信经营。保健品要想提升质量，其中的关键就是选择优质的原材料，青春宝选材之严格可以用"苛刻"一词来形容。首先要对原材料的产地以及生产的季节进行筛选，其次要从原材料的形状、颜色、质地、大小、味道等多个方面进行鉴别，不允许有任何瑕疵。在国内，一种产品热销了，生产跟不上，便委托其他厂家代加工，结果产量是上去了，质量却无法得到保证。为了保护已经建立起来的品牌、信誉，本着对消费者负责的态度，冯根生坚持不搞委托代工，不搞大规模扩张。

当诚信成为一种习惯，它的价值只能用"无价"形容。

二、道台一颗印，不及朱葆三一封信

朱葆三，浙江定海人，金融工商巨擘。上海第一条以中国人名字命名的马路，便叫"朱葆三路"，以表彰其社会功绩。1911年，朱葆三当上了沪军都督府的财务总长，刚一上任，就面临着财政困难的境况。沪军既要反抗清兵的攻击，又要从事共和事业，财政压力很大。朱葆三在上任的第一天，就不得不用自己个人的名义向银行贷款。在当时的时代背景下，都督府还没有获得国际社会的承认，也就没有合法地位，因此虽然贷来的钱是都督府在使用，但是还款的重任却担在朱葆三一人身上。由于朱葆三的口碑和信用非常好，因此他的贷款工作进行得很顺利。他在将近100家银行和钱庄进行贷款，一共筹集到超过200万元的款项。但是这笔巨款也跟不上都督府迅速增长的战事开销。于是，大家想到了道库存款。这笔存款原本属于上海道，自上海道被推翻之后，这笔款项还存在钱庄里。只是由于革命政府的合法性没有被各国驻上海领事馆承认，这笔钱始终无法取得。

沪军都督府很重要，钱庄的规则也很重要。就在大家无计可施之时，朱葆三出面解决了这个难题。朱葆三在沪军都督府和各钱庄之间不停来回奔走，他出面请求开在租界里的十几家钱庄，从公款里拨出10万两白银，借给都督府应急使用。虽然这些钱庄的负责人并不信任都督府，但是却很信任朱葆三。朱葆三凭借着个人的良好信用借到了钱，帮助都督府渡过了难关。此后，在上海便流传这样一句话："道台一颗印，不及朱葆三一封信。"

第二节 诚信为基 童叟无欺

诚信既是个人的立身之本和处理人际关系的重要德行，也是企业能够生存和发展的基石，是企业的生命。儒家强调"民无信不立"，宣扬"货真价实，童叟无欺"，要求商人"笃实至诚"。从商品经济发展史来看，无论中外，商品经济越发达，商业精神越旺盛，就越是恪守信用。

一、划一不二

诚信推动了宁波商帮自身的发展，也成为宁波商帮的人文特色。宁波商人向来有"信义经商""信用经商"的美誉以及"信用码头"的别称。宁波商人开办的老字号，始终践行着诚信经营的传统。

宁波同仁泰百货店对商业信誉非常重视，在当时的时代背景下，国内的民族工业并不发达，很多产品是手工制作或者半机械制作，产品也没有稳定的原材料来源，因此产品的质量参差不齐。而同仁泰百货店在进货时就十分注重这些问题，不仅对货品的质量进行严格的审核与筛选，还实行工厂与店铺挂钩的制度，如果客人在同仁泰百货店买到的商品出现质量问题，就可以到百货店进行换调，百货店会联系厂家进行换货。这种经营模式收获了很多"回头客"，诚信进货为同仁泰树立了信誉。

宁波方聚元货真价实，划一不二，老少无欺，笑脸相迎，百挑不厌，所以声誉日上，生意鼎盛。中华人民共和国成立前，宁波足赤黄金牌价完全取决于上海金市。当上海金市收牌价为每两 100 元时，方聚元银楼店挂牌售价 102—103 元，回收价格在 98—99 元，买进卖出价差约 4 元；有时进多出少，价格下调，售价为 101—102 元，收购价格 97—98 元。一买一卖，两笔交易营业额约为 200 元，而获得的毛利仅为 4 元左右，利确实是薄，但这获得了顾客的信任。无独有偶，新宝华绸布店也实行"薄利多销"

的策略，在薄利上获得信誉，在多销上获得利润，规定"著名商品贴价卖，大众商品平价卖，高档商品赚钱卖"。

宁波很多其他商号也坚持诚信经营，如宁波寿全斋国药号、一言堂等。诚信是宁波商帮得以在海内外蓬勃发展的重要原因之一。

二、重义守信

胡筱渔，曾经是龙游商界叱咤风云、炙手可热的人物。86 年的人生，跨越了清朝到中华人民共和国。他思维敏捷，超凡脱俗，目光远大，重义守信，为振兴民族企业、发展龙游经济奉献一生。

胡筱渔的祖父胡文耀在兰溪经营广发京货店，父亲协助打理。龙游姜益大棉布店老板姜德明因经营不善，资金难以周转，多次求助于胡文耀。出于同乡情谊，胡文耀来到龙游实地考察后，认为龙游交通发达、物产丰沛、民风淳朴、交易活跃，是经商的宝地，决定入股姜益大棉布店，联合经营。后来姜益大棉布店老板姜德明病故，胡文耀收购了姜家全部股份，由胡家独资经营。

胡筱渔年仅 14 岁就到兰溪奚益大染坊拜师学艺，掌握印染技术。后追随祖父、父亲经营姜益大棉布店，耳濡目染，潜移默化，对经商之道心领神会，逐渐显露出卓尔不群的商业才干。胡筱渔接盘姜益大棉布店以后，在沿用原有品牌的基础上，大刀阔斧地改革，改变原来的经营作风，将诚信经商作为安身立命的根本，作为开拓之履、经营之道、发展之源。经过几年的精心经营，把一个濒临倒闭的姜益大棉布店迅速发展为龙游商帮棉布行业的龙头企业，冠以金（华）、衢（州）、严（州）三府棉布经营规模第一家。

姜益大棉布店历来以信誉著称。胡筱渔教育员工在经营中必须诚实守信，如果没有诚实的品质、守信的品格，难以在商场上立足，对待客户不讲信誉，等于自断财路。一直坚持薄利多销，甘当廉贾，童叟无欺，绝不二价。当时不法商贩在银圆里掺假坑害顾客的现象时有发生，为此胡筱渔重金聘请了三名有经验的验银工，对进出店里的银圆严格检验，确定银圆无假后就烙上"姜益大"的标记，承诺假一赔十，让顾客放心使用。一招鲜，吃遍天。胡筱渔这一做法，好评如潮。外地人来光顾生意，胡筱渔不仅盛情款待，还支付一定数量的车马费。由于姜益大棉布店的棉布质优价廉，诚信经营，口耳相传，声名远播，销量扶摇直上，几乎垄断了整个龙游的棉布市场，棉布生意还辐射到周边地区。

胡筱渔最让人称道的，是在经营中高瞻远瞩、目光远大，以诚信赢得供货商和顾客的信任。有一次，布店在海宁订购 7500 匹石门布，价值 6 万两银圆，货在运送途中遇劫，这本不关姜益大棉布店的事，因为根据双方的约定，货物在运输途中发生损毁由供货方承担，货到结款。然而，胡筱渔却并没有摆出一副事不关己的姿态，他对这批布的损失十分关注。海宁布商得知布匹遭劫的消息后十分痛心，赶忙派专人来到龙游的姜益大棉布店处理此事。为了挽留住这位大主顾，海宁布商宁愿承担所有的损失。但是，胡筱渔并没有乘人之危，落井下石，反而仗义疏财，当场偿付了对方 6 万两银圆布款，还又订购了 7500 匹棉布，并热情款待海宁布商。这一义举使姜益大棉布店声名鹊起，闻名遐迩。后来，碰到货物紧俏、货源紧张时，海宁等地供货商首先满足姜益大棉布店的需求。胡筱渔有时资金周转困难，这些供货商都愿意伸出援手，赊货给他，全力支持他渡过难关。胡筱渔靠着重义守信的经营理念，获得远远超过损失的 6 万元的回报，为姜益大棉布店做了一次极为成功的广告宣传，因此顾客盈门，生意兴隆。此事至今还被人们津津乐道。

胡筱渔深知人无诚信不立、业无诚信不兴的道理。在经营中，他秉持着"让利顾客的事情多干，让利合作者的事情多干，让利员工和股东的事情多干，有利于社会的事情多干，损人利己的事情坚决不干，坑民害民的事情坚决不干，恶意竞争的事情坚决不干"的原则。胡筱渔把诚实守信、顾客至上、服务社会的理念贯穿整个经营活动中，充分展示了他的人格魅力。诚信经营的隐性财富显山露水，助其无往不利，使一个濒临倒闭的棉布店起死回生、做大做强。姜益大棉布店成为当时龙游商帮的标杆企业，胡筱渔厥功至伟。

三、签订在心上的合同

包玉刚，名起然，浙江宁波人，被誉为"华人世界船王"。

包玉刚说过："在这个国际社会里，生活方式、行动和从前不一样，但跳 DISCO 管跳 DISCO，不是问题。到商业道德这上头，还是老传统好，要有信誉、有信用才行，这里面关系很大。"这句话几乎被所有关于包玉刚的文章引用，由此可见他对信誉的重视。好的信誉，就是财富。包玉刚也承认："我的信誉有着良好的记录。"他把信誉比喻成"签订在心上的合同"。

他认为签订合同是不可缺少的手续惯例，签订在纸上的合同可以被撕毁，但签订在心上的合同是不会撕毁的。建立人与人之间友谊的基础是相互信任。他始终信守承诺，从不开"空头支票"，良好的商业信誉为他事业的成功奠定了基础。

包玉刚以一诺千金、恪守信用为准则。他非常鄙视那些背信弃义、不守信用的做法，假使失信的人头顶香炉跪在他面前忏悔，他也决不宽容、决不同情。

在经营航运开始的几年，包玉刚手中的船并不多。有一次，他看在一位朋友的面子上，把船租给了一个港商，是一个 6 个月的短期合约。在与这个港商签约前，他已听说此人是一个投机商人，名声不太好，只是碍于朋友的面子，加上港商不逾期，他才勉强同意短期出租。然而，租约到期之日，正值苏伊士运河关闭，运费飞涨，那个港商见有利可图，便千方百计以种种借口留住船只，到期后也不退回，想继续以低租金租用包玉刚的货船，甚至还主动将租金提高了一倍，还以现金预付 1/3 费用。但包玉刚对此人的行径极为不满，坚决拒绝续租请求，他说："你把租金提高 10 倍也不会租给你了。"然后包玉刚把船以相对偏低的租金租给了另一家信誉好的公司并与其签了长约。

在金钱与信誉的天平上，包玉刚选择了信誉。事实证明，包玉刚的选择是正确的。后来，埃以战争结束，曾经关闭的苏伊士运河重新开放运营，运费大幅暴跌，那个冒险投机家只得宣告破产，而租船的船东也受波及，蒙受很大损失，有的船东也跟着破产了，而包玉刚与另一租户签订的是长期合同，避过了一场灾难。包玉刚说："你老老实实做生意，讲实话，干事规规矩矩，别人对你就有信心。"

20 世纪 50 年代，包玉刚所经营的船都是散装货轮。货轮的吨位小，租金低，盈利有限，发展不快。自 1967 年以后，随着中东石油运输需要的增加，包玉刚开始购买油轮。可他碰到一个棘手的问题，华人船东的船只不受欧美的石油公司和其他租户待见。他们认为中国人经营的船只年代久、管理差、技术不先进、船只条件不好，此外包玉刚初出道，外国商户对他的名字十分生疏，对他的船队一无所知。当时，在这些欧美公司老板眼里，希腊"船王"奥纳西斯才值得信赖。包玉刚对此非常焦急，两道浓眉拧成一个疙瘩。这是西方人一种浅薄的偏见。他决心要破除这种人为构筑起来的偏见，打开僵局，为中国人争一口气。

包玉刚开始四处出击，走访各家欧美石油公司，逐一游说，并承诺，如果不能保质保量地将油及时送到卸货港，他会主动接受双倍罚款并赔偿损失。欧美石油公司的老板们仍然心存疑虑，向他摇头。但其中一位业务人员被包玉刚的诚恳态度和流利的英语所感动，建议他找美国的 ESSO 石油公司谈谈。包玉刚几经努力，这才将 4 艘小型油轮租给这个石油公司，但公司经理戴维·纽顿只答应试一次。

包玉刚亲自上阵，率领 4 艘小油轮渡海，来回运送货物。小型油轮的承载量虽然比不上大型油轮，但也有自身优势。它的船速较快，进港、靠岸比大油轮便利，对于那些急需能源的国家来说，石油早到货，早投入使用，就能赚更多钱。对这一点，包玉刚心里十分清楚。这次为美国 ESSO 石油公司运油成功与否，不仅关系到他的船队能否在海上航行，也关系到整个中国船队能否在国际航运界立住脚。他像珍惜自己的眼睛一样，珍视这次运油的合作与信誉。他以宁波人精明的大脑，严密计算，统筹安排，精确无误地核定出小型油轮运送的日期，夜以继日地组织、调度人员，亲自监督船队装油起航。一番苦心终于没有白费，4 艘油轮按事先约定的合同，提前几个小时完成运油作业，这使美国 ESSO 石油公司对包玉刚船只的运输速度、装卸质量和安全性都非常满意。ESSO 公司经理戴维·纽顿十分高兴，向包玉刚伸出双手，激动地叫喊着："OK！OK！包，我们的合作非常愉快，非常成功，今后我们可以经常合作。"他两手用劲抓着包玉刚的肩胛，仿佛要把他悬空拎起来。"中国船队，棒！"戴维·纽顿是个讲交情的人。为了感谢包玉刚及时把石油运到，他特地在纽约举行酒会答谢，高度赞扬中国船东的恪守承诺和出色的管理才能。

这一次，美国 ESSO 石油公司运油成功的事例，为包玉刚开创了世界油轮业务的新局面，且为香港华人船东赢得美誉。包玉刚做了开路先锋，从那时起，环球航运公司逐步在国际航运界崭露头角。

第三节　守法经营　行以致远

古代的米商做生意，除了要将斗装满之外，还要再多舀上一些，让斗里的米冒尖儿。此为无"尖"不商。后来随着时代发展，逐渐演变成"无奸不商"，意思也发生了翻天覆地的变化，形容商人的奸诈和狡诈。实际上，这是对"商人"的误解。商人的精明，不是为一时之利而使用说谎、吹嘘的不诚手段。相反，精明的商人不行贿、不欠薪、不逃税、不侵权，以子孙后代为念，以绿水青山为重，以"亲""清"之风为尚，共同营造诚信守法的商业生态。

宗庆后，浙江杭州人，娃哈哈集团创始人。企业要在市场上站稳脚跟，获得竞争力，就必须成立自己的品牌。娃哈哈作为我国自主品牌之一，自成立企业以来，始终坚持"质量""诚信"，走品牌建设之路，打造"人人买得起，处处看得见，真正有价值，质量有保证，事事讲信用，时时尽责任"的品牌和诚信文化。娃哈哈的品牌经营理念为"健康你我他，欢乐千万家"。公司致力于通过为顾客持续提供高品质的、健康的产品，为顾客带来快乐的陪伴，丰富顾客的生活体验。经过 30 多年的诚信经营，娃哈哈凭借过硬的产品质量和高度的社会责任感，成为中国最知名、最值得消费者信赖的品牌之一。

一、不断创新，以质取胜

娃哈哈 30 多年来通过不断的自主创新，形成一系列品种齐全的产业链，不仅能保证娃哈哈的高速增长，也为企业的可持续发展提供了动力。这也是娃哈哈集团能够在白热化的饮料行业竞争中始终占据领先地位的主要原因之一。

在企业发展的过程中，娃哈哈始终以"质量"和"诚信"作为品牌的立身之本。生产经营上坚持质量第一，秉承"诚信，安全，创新，安心"的质量文化理念，致力于实现让消费者"安心选用，安全享用"的质量安全目标，从产品研发、原料采购、生产销售全过程重视产品质量管理，对员工长期不懈地开展"质量是企业的生命"的主题教育，制定各项措施实施全员质量管理。娃哈哈建立了国家级企业技术中心、博士后科研工作站、浙江省食品生物工程重点实验室、CNAS 实验室，这为公司的科研创新和产业升级迭代提供了强有力的支撑，从研发设计的源头保证产品的营养、健康、安全。娃哈哈构建食品安全风险评估和质量跟踪追溯体系，引进大批国际一流的高端检验检测仪器与设备，培养大量高素质、高水平的质量检验检测监督管理和技术人员，在此基础上严格落实全面质量管理体系。通过推行"前道服务后道，后道监督前道"这一具有娃哈哈特色的质量管理制度，并建立"总部—片区—分公司"三级质量监控体系，实现层层监管、相互监督和服务，确保公司生产产品的质量。同时，娃哈哈专门成立市场督察部门，定期对流通环节和消费终端产品进行质量检查和跟踪；制定经销商质量反馈制度，每月由经销商反馈产品质量意见。娃哈哈利用信息技术构建企业全过程食品安全质量追溯系统，做到每一个产品从原料供给、组织生产、最终到达顾客手中全程监控，确保全产品、全批次、全流程各环节出现问题都能追溯落实到具体责任人，确保产品安全。娃哈哈在饮料行业率先践行"中国制造2025"，成立精密机械制造公司、机电研究院等科研机构，致力于饮料智能化生产线的研究，在食品饮料行业生产、供应、销售全过程数字化管理和控制的智能工厂建设方面进行高水平的实践探索，推动传统食品饮料制造业进行智能化转型。

二、合作共赢，以诚取信

娃哈哈始终坚守诚信经营，力求做到：对消费者诚实守信，确保产品安全健康；对供应商、经销商守信，实现合作共赢；对员工守信，与企业员工共享企业发展成果；对政府守信，照章纳税，履行社会责任。

娃哈哈把"健康你我他，欢乐千万家"定为企业宗旨，始终坚持"产业报国，泽被社会"的经营理念，奉行"凝聚小家，发展大家，报效国家"的"家"文化，以实业回报社会，把稳岗就业、上缴税收、保护环境、支持社会公益事业等纳入企业的发展战略之中。公司在办好企业、管好员工的同时，围绕"捐资助学，对口支援，抗震救灾，扶贫济困"四个重点，积极投身社会公益事业，履行企业社会责任。多年来，娃哈哈在西部地区、贫困地区、东北老工业地区等17个省市投资85亿元，成立了71家分公司，累计实现销售收入1805亿元、利税319亿元，上缴税额114亿元，对带动东部优势企业对口帮扶、促进贫困地区发展做出了积极的贡献。娃哈哈累计为慈善事业捐赠 5.8 亿元，其中资助教育 3.2 亿元。

30 多年来，娃哈哈集团形成了自身独特的"家"文化——"凝聚小家，发展大家，报效国家"。娃哈哈认为，企业应关爱员工这个"小家"，使员工能与企业共享发展的成果，不断提升收入水平，解决员工的后顾之忧，同时要让员工通过努力工作壮大企业这个"大家"，持续增加税收、履行社会责任，永远报效"国家"。只有把每个独立的"小家"凝聚起来，形成协同之力，企业才能发展；只有企业发展壮大了，员工的生活才能得到保障；只有企业持续发展，广大员工才会有发挥才能的舞台。而企业发展的同时，应兼顾国家的利益，回报社会。因此，娃哈哈集团将维护员工、顾客、合作方等多方的利益，履行社会责任、推动共同发展等视为"产业报国，泽被社会"的具体内容。

"诚信"与"双赢"是娃哈哈集团与供应商、经销商合作的根本原则。公司坚持"自己要赚钱，首先要让别人赚钱"的理念，视供应商和经销商为主要战略合作伙伴，并保持良好的长期合作关系，许多供应商、经销商都是与娃哈哈一起成长起来的，成为行业的龙头企业。

娃哈哈始终认为员工是企业最大的财富，坚持"发展依靠员工，发展为了员工"的人本理念，关心员工的成长，为员工搭建舞台实现其个人价值，倡导实行"家"文化，打造了一支"拉得出，打得响，过得硬"的干部员工队伍，促进企业与员工的和谐健康发展，为企业发展奠定了"人"这一最重要的因素。

第 八 章

追求卓越的
奋斗精神

　　追求卓越的奋斗精神，是注重实干、勇闯难关、奋力前行。浙江前进的每一个脚步，都是中国崛起、富强的缩影，体现一代又一代浙商先辈不断求索与顿悟、奋起与自强的精神。他们争创一流企业、一流管理、一流产品、一流服务和一流文化，以砥砺奋斗为基石，以追求卓越为引领，勇当新时代中国特色社会主义市场经济的弄潮儿，翻开浙江发展勇立潮头的新篇章。

第一节　砥砺奋斗　干在实处

一、"小产品"成就"大日化"

　　纳爱斯集团在 50 年发展历程中坚持不懈地落实官方日化品牌的建设，并在建设之路上做到了独辟蹊径，用"小产品"成就了大发展！

（一）第一次战略变革——"涅槃重生"（1985—2005 年）

　　20 世纪 80 年代，中国在改革开放的号角下迈入社会主义新时期，作为中国最早对外开放的市场，日化产业借机得到了蓬勃发展。与此同时，全球四大洗涤行业巨头宝洁、联合利华、汉高、花王也在试图占领中国市场。他们蜂拥而至，几乎垄断了国内洗涤市场的一半江山。由于前期实施计划经济的原因，国内厂商对发展自有品牌的意识还未建立起来，举步维艰。作为丽水五七化工厂的前身，纳爱斯在全国轻工部定点肥皂厂中排名靠后，为 118 家中的倒数第二。正是由于当时的市场环境和行业危机，纳爱斯大胆地启动了变革之路。

　　1968 年，地方国营丽水五七化工厂成立。由于体制和公司自身的种种原因，五七化工厂只有一种肥皂产品，业绩停滞不前。1985 年，为了改善经营状况，公司通过民主投票选任厂长，庄启传先生当选。在庄启传的领导下，纳爱斯集团首次变革了公司战略，专注于洗涤用品行业，丰富公司产品品种，企业情况才有所好转。庄启传认为，洗涤行业并非什么了不起的高科技行业，公司技术与行业领先技术之间的差距并不远。这位富有远见、思想活跃、干劲十足的企业家做事雷厉风行，总能比别人抢先一步，提早一拍。1986年，与其他公司不同，纳爱斯毫不留恋计划经济，较早进入市场，与上海制皂厂开展联营模式生产制造肥皂；1991年，纳爱斯率先意识到品牌的重要性，在很多公司刚刚了解品牌的时候，它引进了瑞士的制皂先进技术，设计出一流的纳爱斯品牌香皂；1992年，纳爱斯对肥皂进行技术性改造，研发出全新的雕牌超能皂。经过不断引入、改造、迭代产品生产技术，持续深耕洗涤用品行业，纳爱斯生产的明星香皂产品和雕牌超能皂荣登全国同品类销量榜首，在经营上很快超越了同行。庄启传认为，但凡竞争激烈的行业，必有非凡成长的市场空间。庄启传并不满足于肥皂带来的骄人业绩，他在趋于饱和的洗衣粉市场找到了新的机遇。1999年，纳爱斯启动了中国最大单塔洗衣粉工程。2000年，纳爱斯生产的雕牌洗衣粉在全国打开市场，一度供不应求，并迅速成为洗涤行业的引领者。

2003年，随着纳爱斯品牌的打响，其旗下洗衣粉、洗洁精、肥皂等产品在全国市场占据一席之地。据悉，雕牌透明皂、洗衣粉在全国市场占有率分别达到67.1%和42%，年创利润占全国肥皂行业的93.5%，成为全球八大洗涤用品之一。在这个阶段，纳爱斯集团实现了涅槃重生，它从一个濒临破产的农村小厂逐渐成长为当时全球最大的洗涤用品生产商。

（二）第二次战略变革——"快速扩张"（2006—2013年）

进入21世纪，随着社会经济的快速发展和人民生活水平的日益提高，百姓对生活品质的关注逐渐由"硬性"转换为"软性"，顾客越来越追求日化产品的安全、绿色、健康和天然。面对这种消费趋势，纳爱斯集团适时调整经营战略，经营理念随之也发生了转变，定位从"只选对的，不买贵的"更变为"只为提升您的生活品质"，以期最大程度地契合消费者对产品品质的需求。随着纳爱斯产品结构调整和经济增长模式转变的双重叠加，集团开始布局赢利水平高、市场容量大的个人护理用品市场，瞄准中端客户。

2006 年 11 月，纳爱斯集团采取全资收购的方式，将英属中狮公司旗下的裕旸、奥妮、莱然等公司收入囊中，开创了民营企业收购外资的先例。庄启传曾在访谈中表示，进军个人护理市场是纳爱斯集团在 2006 年的新布局，但从零开始、亲力亲为的方式太慢。公司想要迅速发展新业务、抢占市场，全资收购其他企业成为集团的不二选择。通过这次收购，纳爱斯集团不仅拥有了"100 年润发""西亚斯""奥妮"3 个著名品牌以及 83 个商标的所有权和独占使用权，还获取了相关企业的核心技术、管理体系。

2007 年，纳爱斯集团形成了以安全、绿色、健康、天然和节能等特点著称的多品牌矩阵，先后推出了主打健康环保理念的"超能天然皂粉"，开创"素食营养"天然植物精华洗发水先河的"100 年润发""护发素"和"麦莲洗发水"等洗护用品。庄启传认为，未来的消费趋势循着环保、健康、安全方向发展，企业只有紧跟消费动向，注重产品研发创新，开拓中高端产品领域，脱离低价位恶性价格竞争，才能进入良性发展通道。

纳爱斯集团的产品不但覆盖洗衣粉、洗衣皂、香皂市场，还延伸到个人洗护用品市场，极大丰富了品种，优化了纳爱斯的市场战略布局。在多年的经营发展中，纳爱斯集团始终贯彻的一条经营理念是坚持产品的性价比。庄启传坚信，纳爱斯集团能够将低价位产品市场的性价比优势延续到高价位产品市场，在紧紧把握住市场经济变化的基础上，寻找到一条企业差异化发展的道路。

在这一阶段的战略变革中，纳爱斯集团成功地从原来的洗涤用品行业顺利迈入个人清洁用品市场。纳爱斯集团拥有了"纳爱斯""雕牌""超能""100 年润发""伢牙乐"五大品牌。

（三）第三次战略变革——"海外发展"（2014 年至今）

2014 年，全国开展去杠杆和结构调整，波及各行各业，国内经济增长进入新阶段，整体发展速度明显减缓。在这样的大环境下，行业竞争变得尤为激烈。很多公司，即便销售量增加了，整体利润也大不如前。对于一些小型企业来说，由于数量庞大，竞争力不强，企业生存非常困难，叠加消费者绿色环保意识的普遍增强，对日化产品的技术要求上升到一个新的水平，企业生产的产品不仅需要迎合消费者绿色生态的需求，还需具备较高的附加值。企业想要在市场上独树一帜、与众不同，赢得顾客的关注与青睐，并非一件容易的事情。

在宏观经济不容乐观的大背景下，纳爱斯集团销售业绩仍保持高速增长，这得益于集团在第三次战略变革中布局的大日化战略。自 2014 年始，纳爱斯集团着手收购国际性公司台湾妙管家。2015 年，纳爱斯集团以 7000 万美元完成妙管家 100% 股权的收购。

妙管家作为一家有着 30 多年历史的老牌家居清洁用品生产企业，其主营业务涵盖地板、厨房、卫生间等家用清洁型用品。就产品结构来说，两家公司的主要产品都围绕着"清洁"，与纳爱斯旗下的产品具有天然的相关性和互补性。从市场覆盖而言，两家公司各有侧重，纳爱斯集团希望能够借道妙管家拥有的国际市场，整合资源，提升实力，形成一个覆盖中国、日本以及东南亚地区的商业经济圈，以更优质、高端的产品拓展国内外市场，进一步落地集团全球化战略。此前，纳爱斯集团在家用清洁产品生产领域并未深入涉足，对妙管家的海外收购，为集团向家居清洁行业转型奠定了很好的基础。

同时，纳爱斯集团与德国巴斯夫、美国沃尔玛、法国家乐福、瑞士奇华顿等世界 500 强企业开展合作。随着合作的推进，集团逐步成为这些知名企业的全面战略合作伙伴，并成功地从深度合作中探索自身的提升空间以及获取宝贵的学习机会，以此提升集团的国际合作水平。第一，在产品生产方面，纳爱斯集团根据原材料基地和需求市场分析，建立了多个海外生产基地，力求实现规模经济。第二，在产品渠道分销方面，纳爱斯集团将产品专销商纳入管理体系，形成持续、稳定、高效的分销管理。第三，在品牌营销推广方面，纳爱斯集团利用网络新媒体拓宽宣传渠道，开展线上营销推广和线下实体销售的"双线并进"整合式营销，提高品牌推广与产品销售的紧密互动。

2017 年，纳爱斯集团再次荣获"中国制造业企业 500 强"称号，并高居日化行业榜首；2018 年，第二届中国品牌发展论坛公布的"2018 中国品牌价值评价榜"显示，纳爱斯集团品牌价值雄居日化行业榜首；2020 年，世界著名品牌价值评估机构世界品牌实验室主办了第十七届世界品牌大会，并发布了 2020 年"中国 500 最具价值品牌"榜单，纳爱斯集团旗下的雕牌连续 5 年上榜，品牌价值实现连年增长，以 263.87 亿元位居日化行业品牌价值第一。庄启传认为，李嘉诚、巴菲特等精英之所以能够成功，一个重要的原因就在于资源整合。真正有能力的人，都是善于整合多方资源、巧借外力为事业服务，把企业发扬光大的人。

这个阶段，正是凭借着"并进共赢"的理念，通过成功收购台湾妙管家，纳爱斯集团得以在高端市场站稳脚跟，并形成覆盖洗涤护理用品、个人清洁护理产品和家居清洁护理的三角架构产品链，成功实现了从洗涤护理行业到个人清洁护理行业再到家居清洁护理行业的华丽转型。

二、深耕细作

陈立钻是铁皮石斛产业的开创者。20 世纪七八十年代，在浙江省天台县天台山上有一种被称为"仙草"的珍稀植物药已濒临灭绝，这种药就叫"铁皮石斛"。为使"仙草"复活，重返人间，国内外许多科学家努力探索，研究试验铁皮石斛的人工栽培，但均未成功。

1986 年的一个春天，只有高中文化程度的农村赤脚医生陈立钻，告别家人，卷起铺盖，怀着雄心壮志，义无反顾地来到天台蓝田岭开荒作畦，这一待便是 8 年。近 3000 个日日夜夜，陈立钻在恶劣的自然环境和拮据的经济条件下，靠着简陋的科研设备，凭着让"仙草"复活的信念，开展了一场没有硝烟的现代生物技术战争。

对于一个只有高中学历的乡村赤脚医生来说，要把如此复杂的医药问题解决，在过去的数年里，陈立钻要花费多少精力，不难想象。在历经一次又一次的科学试验和失败后，他以惊人的毅力和意志成功地解决了让"仙草"从实验室走向田间地头的一系列技术难题，破译了"仙草"的"生存密码"，铁皮石斛进入大规模人工培植阶段。

"仙草"复活了。最初，陈立钻把培植的铁皮石斛卖给上海的经销商。但当对方把价格从每公斤 6800 元降到 4800 元时，他有了新的想法——将原材料加工成产品，将之直接供给消费者。彼时，如何将"仙草"制作成"仙药"，最大限度地开发铁皮石斛的药用价值，走规模化、产业化发展道路，成了陈立钻新的奋斗目标。

1993 年，以陈立钻名字命名的"立钻"牌铁皮枫斗晶在杭州上市。20多年来，陈立钻持续开展对铁皮石斛药用价值的深度研究，公司也持续加大高新科技投入，扩大珍稀药材原料与产品的生产规模，加快系列产品开发。他研究的课题曾先后被列为国家级项目——国家"星火"项目、国家"火炬"项目、国家重大新药创新项目等。

陈立钻作为工匠精神的代表，无论外界风云变幻，他始终低调。他说，他坚持了一辈子，就是把认准的事一件一件做好。

陈立钻的点点滴滴，印证着那句他时常挂在嘴边的话："做人做事，诚信为本，品质至上。能将朴素的道理日复一日、年复一年地坚持下去，就是了不起的成绩。"

第二节　勇闯难关　走在前列

一、不断进取

郑胜涛，中国神力集团董事长兼总裁。20 世纪 50 年代初期，郑胜涛出身于温州市区一个穷苦的工人家庭，全家共 10 口，兄妹 6 人。迫于生计，身为长子的他 16 岁就担负起家庭生活重担。凭着年轻气盛，他下农村、拉板车、跑市场，年纪轻轻就尝遍了生活的各种艰辛。1981 年，郑胜涛担任了"街办"电机厂副厂长，靠着实干、钻研将这个本来经营困难的企业搞得生机勃勃。

1982 年，郑胜涛自己租了几间房子，从一家面临倒闭的厂里租来了旧机器，创办了一个小小的五金机械厂，开始生产一些技术要求不高的冲剪机和方箱。产品销售出去后，他又从盈余中拿出了 3000 元买下租来的旧机器，采用"借鸡下蛋"先生存后发展的办法，逐步扩大企业规模。1984 年，企业正式挂牌"温州市鹿城印刷机械厂"。

同年春天，郑胜涛看中了包装新产品分切机市场，那时的分切机全依赖进口。定下目标后，他带领技术人员和工人们夜以继日奋战了半年。在关键时期，他每天只睡三四个小时，硬是凭着"拼命三郎"的精神将一台优质的分切机研制了出来。经过专家的鉴定和客户的使用证实，鹿城印刷机械厂的分切机在功能和质量方面一点也不比国外进口的差，但价格却只有进口分切机的 1/5。从此，"神力"牌印刷包装机械在业内一炮打响。

分切机研制的成功给予了郑胜涛极大的信心，他孜孜不倦地学习、钻研最新最前沿的技术，带领公司走科技创新的道路。分切机问世后，他不断创新市场上的涂布机、切割机、复卷机、复合机、制袋机、包装机、医药机械等系列机器，如亚洲第一台七色电脑程控票证印刷机、全自动电脑套准印刷机、THB650 型医用铝箔印刷涂布机等，公司研发的产品先后填补亚洲空白 4 次，获得国家金奖 8 次、国际银奖 2 次。郑胜涛认为，企业不能停留在过去已有的"名牌"产品上止步不前，要想发展事业，必须不断研发出新的名牌产品。"神力"印包机械推动国家邮政局的邮票印刷以及公安部的防伪身份证印刷完成本土化，并成功开拓了北欧、中东、东南亚等国际市场。

二、矢志精研

李明焱，浙江武义人。他曾在神舟系列载人飞船上，多次搭载灵芝、铁皮石斛种子进行太空育种；他让一个企业的标准上升到国际标准，成为行业标杆；他主导自主选育的"仙斛 2 号"铁皮石斛新品种被业界称为铁皮石斛中的"超级稻"，"仙芝 2 号"灵芝新品种也是目前国际上的优良品种之一。李明焱说："让祖国传统的中医药瑰宝造福世界人民。以匠心制药，需要坚守，也需要创新。"

早在 1909 年，李明焱的爷爷李金祖在武义县城创立了"寿仙谷药号"。1997 年，李明焱创立浙江寿仙谷医药股份有限公司；2003 年，李明焱作为寿仙谷药号第三代传承人正式接管药号，并更名为"寿仙谷药业"。李明焱始终铭记"重德觅上药，诚善济世人"的祖训，以"打造有机国药第一品牌"为企业发展目标，在我国健康产业领域率先提出了"有机国药"理念。

20 世纪 90 年代，国家科委选派 30 名全国农业星火带头人赴日本研修农业现代化，其中就包括李明焱。作为代表之一，李明焱到日本后，日本先进的科学技术带来的冲击，令他十分震撼。回国后，他带领团队致力于高温香菇栽培技术，成功地培植出"武香 1 号"。这项培植技术填补了当时国内外耐高温香菇品种的空白，且在国内率先成功研制了香菇周年栽培技术，为全年新鲜香菇的供应提供技术支持。

难能可贵的是，李明焱将这一香菇栽培技术无偿提供给香菇农户。这项香菇栽培技术在我国 20 多个省份迅速推广，为我国重新获得世界"香菇王国"的称号奠定了基础。至今，"武香 1 号"仍是我国高温季节最重要的香菇栽培品种，年产值超过 500 个亿，推动了行业发展、农民创收。基于李明焱在农业方面的研究成果和贡献，他荣获"国家科技进步二等奖"，被媒体和菇农誉为"农民脱贫致富引路人""高温香菇之父""菌界袁隆平"。

在珍稀中药材领域，李明焱刻苦钻研，经过与团队历时 15 年的研究，成功选育出以"产量高，耐高温，抗菌强"著称的"仙芝 1 号"灵芝新品种。经中国科学院微生物研究所专家检测鉴定，"仙芝 1 号"多糖和三萜酸等功效成分比日本红芝分别高 31.3% 和 39.04%，比韩国韩芝分别高 21.2% 和 20.48%。随后，李明焱在国内率先建立首个符合国际有机产品标准的灵芝、铁皮石斛栽培基地。在李明焱的带领下，由寿仙谷研发的灵芝、铁皮石斛等中药与养生保健系列产品，通过了中国、欧盟、美国有机产品认证和国家中药材 GAP 认证、生态原产地产品认证，以有效成分含量高、品质上乘、功效显著等特点广受好评，李明焱也被誉为"有机国药第一人"。几十年来，李明焱主持实施了 70 多项国家、省、市重大科技项目，拥有 15 项国家专利发明，众多科技成果填补了国内外空白，他还获得"国家级科技进步二等奖""省级科技进步二等奖"等 20 多项科技奖励表彰，获评国家"万人计划"科技创业领军人才。

三、模式创新

1997 年，沈国军筹借了 20 万元，找来另外 5 个股东，一起成立中国银泰投资公司，沈国军任董事长兼总裁。和大多数励志故事一样，沈国军的创业起步也很艰难。当时的银泰没钱没人，算上沈国军，共 6 个人。他每天加班到深夜，在压力中也睡不好觉，紧接着因为胃出血，住院半个多月。身体的坎刚过去，金融危机又来了。1998 年，其他几个股东在经济的压力下退股，沈国军硬着头皮把股份接了下来。与此同时，他的一个投资项目也出了问题。当时银泰购入三栋物业、两栋写字楼和一栋商业物业，本来是当中间商挣一笔快钱，可以净赚9000万元。但是谈妥了之后，本有意购入其中商业物业的买家却突然不要了。沈国军用两个字总结了当时的境遇——很惨！

这栋位于杭州市武林路、有着4万多平方米的物业，就这么压在了手里。金融风暴肆虐之下，即便免几年租金都找不到伙伴来接手盘活这个商场。面对这个烂摊子，沈国军决定自己盘活自己，进入百货商场业。在那时，这真算不上是明智的决定。1998年前后在中国的"百年百货史"上有着特殊的地位，叫"百店倒闭风潮"。

沈国军对于经营百货业一窍不通，但他坚信，越是大退潮，越突出冒尖的，自己不懂，就找懂的来做，他则主导着航向。没有过多的资本和底气，但沈国军坚持要最好的。他跑遍中国香港和台湾，跑遍日本，以1000万年薪的待遇组织了一个专业的百货团队。沈国军和团队分享了他的看法：从定位、理念这些缥缈的概念入手，在局部和细节上做到最好。沈国军说："在商品上做好、做足，以商品取胜，顾客要买最新的、最流行的、最时尚的、最好的、最全的东西都在这儿。"

在零售行业，"最好或是创新"的概念肯定不像科技行业的产品般酷炫，消费者甚至不会有意对比店与店之间的差别，但是当卖场规划、商品定位、营销策略甚至海报的形象都和传统相悖时，整合的力量是惊人的。

沈国军什么都要最好的，所以银泰百货成了最好的。1998年11月16日，银泰百货的第一家店——杭州武林店开业，它先是引起了杭州城的轰动，随之引发国内百货业的震动。银泰百货与传统百货最大的差别是，它将受众定位于喜欢流行与时尚的年轻人，并且响应这个群体的需求，在购物的基础上，融入了娱乐、休闲、交友的元素——这也开创了国内当时最流行的购物中心模式的先河。

购物中心开业后，并非一成不变。沈国军总是亲手推翻曾经的精致与格调，寻求创新。他说："消费者总是喜新厌旧的，你必须接受并且适应。

从引进的品牌、种类，到卖场的设计、规划，银泰每年会有 25%—30% 比例的调整，也就是说 3 年之后去逛，这个商场就完全不一样了。"

2008 年 10 月，投资超过 60 亿元的北京银泰中心开业。半年后，沈国军又定下此后发展的基调：从单一的百货业态中跳脱出来，形成百货、购物中心与电子商务并举的模式。

2014 年起，银泰集团与阿里巴巴展开战略合作，促成传统零售业和互联网融合的模式。这一创新举动，为中国传统零售百货业的转型升级探路，引领传统零售百货业尝试创新发展。同年 6 月，银泰集团发布全新高端商业运营品牌 in，如杭州湖滨银泰 in77。作为西湖边唯一多功能复合型的城市综合体，in77 依托西湖历史文化沉淀，运用创新品牌组合，融合传统、现代、商业和人文，为消费者构建了美丽又舒适的空间，并开创中国商业模式新道路。

第三节　永不止步　勇立潮头

陈爱莲，新昌人。1993 年，在企业中历练过的她发现了一个商机。依靠 50 万元启动资金和几名业务骨干，陈爱莲一头扎进了铝轮毂行业，开始经营实体经济项目。在轰鸣不歇的机器运转声中，一座代表"绿色万丰，数字万丰"经营发展理念的万丰铝轮智慧工厂拔地而起。

一、万丰速度

在信息变革的时代，什么能让石头浮在水面上？万丰集团用自己的行动给出这样一个答案：速度。速度可以使沉重的石头漂浮起来。同样，这一速度也让万丰从传统铝轮制造企业，蜕变成为集汽车零部件、航空工业、智能装备、金融投资等四大产业为一体的国际化大型企业集团。

从万丰摩托车轮毂向汽车轮毂转型，再由汽车轮毂向通用航空工业转型提升，以及先后收购加拿大 Meridian、加拿大 DFC 航校（钻石飞行中心）、捷克 DF 公司、美国 Paslin 等"大交通"领域优质资产，无一不体现万丰高质量的"快"。不断追逐"快"的步伐使万丰能够迅速捕捉发展机会，占领行业鳌头。

"快"的背后，是万丰"慢"的积累。万丰成立之初，国内同类企业已达上百家，市场竞争激烈，趋于白热化。万丰打出"质量牌"，推出"质量万里行"跟踪活动，为企业赢得信誉口碑。短短 5 年间，公司就夺得"市场占有率、质量满意度、购买首选率、综合竞争力"等指标第一名，坐上细分市场的头把交椅。从汽车零部件起家到现今的通航全产业链布局，在迅速扩张的背后，公司 20 多年来始终依托汽车产业的技术和资源优势，聚焦耕耘"大交通"领域的思路一直没改变。万丰不仅在国内开设工厂，更远渡重洋，在美国、英国、加拿大、印度、捷克、墨西哥等国家投资设厂，开展全球性布局。长期以来，万丰始终保持做大做强实业的初心，拒绝市场的诱惑、功利和短视，追求产品品质和企业价值，坚持做自身最为擅长的领域，使万丰能在已经选择的赛道上走得更远，从而拿下了"大交通"领域的全球多项冠军。

二、战略导向：选择与坚守

20 年前，正值万丰摩托车轮毂业务蓬勃发展时，陈爱莲带领技术团队前往美国考察，看到汽车产业的强劲发展潜力，开启了万丰向汽车轮毂的第一次发展转型；在 2008 年国际金融危机前夕，企业果断调整产业结构，以守为攻，确保了其健康发展。

如今，中国企业面临着"转型与价值重构"的大环境，万丰集团加快布局汽车零部件的转型升级，并不断开拓新能源、新材料、高端智能制造产业，做好研发设计和品牌打造，占领"中国制造 2025"的制高点。

当许多跟万丰同步成长起来的企业都在开展盲目的资本扩张时，万丰是为数不多仍坚守主业的辛勤耕耘者，公司所进行的并购和资本运作，全是围绕主业开展。

2013 年，为了填补我国镁合金深加工和应用的空白，陈爱莲做出了一个当时很多人都不理解的决定：以 15.3 亿元将全球镁合金行业领先者——加拿大镁瑞丁收入旗下。镁瑞丁拥有的在镁合金铸造、模具和产品设计领域领先的技术和出众的工艺让陈爱莲青睐有加，她更是看好镁合金产业后期巨大的发展潜力。陈爱莲认为，镁合金产业至少还有 30 年的产业高速增长期。

事实证明，这次跨国产业收购的决定是正确的。通过收购加拿大镁瑞丁，万丰提升了产品转型升级的进程，加速了国际化步伐。被收购后的镁瑞丁，年盈利超过 2 亿元。此后，万丰相继整合了美国 Paslin、捷克 DF 公司、加拿大 DFC 航校（钻石飞行中心）等优质资产，向"大交通"领域产业链、价值链的高端拓展和延伸。

"没有战略，就没有方向"，万丰集团用实践诠释了这句话的内涵。

在一次又一次的企业并购中，万丰集团并购的标的看似跨度很大，但其实始终围绕着一个清晰的目标——成为"大交通"领域多项全球冠军。陈爱莲认为，在万丰选择并购标的的三大标准中，最重要的一条是行业细分市场的全球领先者，拥有行业的核心技术，能够真正掌控市场的话语权。

万丰的"大交通"领域全球战略不仅使其在全球经济不景气的大环境中寻找到新的机会，一次次"活得更好"，也使万丰快速地成为一个个行业细分市场的领先者，从而形成万丰集团独特的核心价值和强有力的市场竞争力，为成为全球行业领导者夯实根基。

三、科技创新：内生与外延

转型的力量从根本上源于科技的创新、技术的变革。回顾万丰集团的发展历程，自主创新是一个绕不开的话题，其所占的分量尤为突出。陈爱莲早在 1997 年就明确提出倡导科技创新，并认为科技创新是一家企业发展的永恒主题。在陈爱莲的主导下，万丰致力于做科技创新的引领者。科技创新成为万丰集团持续发展的驱动力，使其在激烈的市场竞争环境中始终占有主导权。

没有创新，就没有活力。为了提升自主研发能力，不断做精做强集团主业，万丰在全球组建了 7 个研发中心，拥有 16 个省级及以上创新平台。到 2019 年，万丰拥有授权专利 1500 多项，作为起草单位制订国际行业标准、国家行业标准 58 项，承担实施国家级"八六三计划"、工业强基、重大创新项目 12 项，以及省部级项目 80 多项，实施技术创新项目 386 项，开发新产品 3000 余款，荣获"全国创新能力成就奖""美国创新大奖"等 120 多个奖项，以及"国家技术创新示范企业""国家知识产权示范企业"和"国家智能制造示范项目"等称号。

万丰集团自主研发，在轻合金铸造行业引进工业机器人，升级了轻合金铸造自动化装备，使轻合金铸造行业的浇铸实现自动化、智能化、柔性化，极大地提高了工作效率，提升了轻合金产品质量。集团的铝轮毂数字化智慧工厂，按照"绿色万丰"理念，创新性地融合"工业 4.0"，建成的厂房能实现顶层是太阳能，中间层是机器换人，地下层是天然气供应，排水口可"放水养鱼"。集团的锦源高端装备园里面，有智能装备生产车间、机器人车间、工商学院、研发车间等生产管理用房。

在工业化与信息化紧密融合的产业革命时代，万丰集团以从容不迫、不骄不躁的心态，不断加大研发投入和科技创新力度，推进精细化管理，获得了行业和客户的认可和尊重，相继与宝马、特斯拉、福特等全球高端品牌建立并保持长期战略合作伙伴关系。此外，为了拉近集团自身在技术、管理上与行业领跑者的差距，万丰也善于采用并购航空、航天、陆地等交通行业的优质标的来整合细分市场全球领先者的优质资产，占领技术和市场的高地。通过资本收购，万丰集团进入了更大的国际市场，万丰机器人的品牌知名度也将进一步提升，并逐渐在国际舞台上形成影响力。陈爱莲再一次站到了"中国制造2025"的风口，把握"机器换人"战略机遇，将智能制造设定为万丰未来发展规划的重要方向。

四、万丰价值：创造与共享

在世界上，凡是基业长青的企业，都是有灵魂的企业。而这个灵魂指的就是企业文化。

"没有文化，就没有灵魂。"文化是企业的精神内核，企业是文化的载体和凝结。在陈爱莲看来，当下是个"十倍速"发展的时代，也是一个"摩尔定律"大放异彩的时代，企业生产的产品可以被快速克隆，发展模式也可以被瞬间模仿，但企业蕴含的精神气质却无法简单复制。

企业蕴含的这种内在的精神气质，是由企业家独特的人格、远见、理念、智慧及企业文化精炼而成的。它潜移默化，润物无声，汇成了万丰集团"永恒提升价值，不断奉献社会"的价值取向。这种价值取向让来自五湖四海的万丰人团结在一起，朝着"营造国际品牌，构筑百年企业"的发展目标前进，从而展现出震撼人心的力量。

一根筷子很容易被折断，而一把筷子却很难被折断。也就是说，个人力量有限，而团队力量巨大。

陈爱莲认为，员工是企业的重要组成部分，员工效能决定了企业战略、企业制度、企业管理、企业技术等方面的执行有效程度。在万丰集团打造资产、市值、销售均过千亿的庞大"帝国"中，企业员工是维系其稳固与长久的根本。

企业的发展活力来自员工的创造。为了激发每个员工的工作激情和创造力，提升员工对万丰的归属感和认同感，集团创立了万丰商学院以培养干部和员工。其中，万丰的"野马特训"业已成为万丰传递企业文化和价值观的重要途径之一。每年，万丰还会选送公司骨干前往北大、复旦、浙大等知名高校进行研修。公司并购后，为了加快促进企业之间的文化互融，陈爱莲曾多次亲赴美国、加拿大，交流价值观和文化理念，确保当地员工的福利待遇。

企业价值提升和企业回报社会相得益彰。企业价值是企业在生产经营活动中创造出来的社会价值和经济价值的加总，其衡量标准取决于企业本身的成长性和社会的认可度。企业因创造生产效益，创造就业岗位，提升员工价值和客户价值，实现了其可持续经营，企业价值得以提升；企业价值的提升激发企业更好地为用户创新产品，优化质量，做强品牌，提升员工效能，从而持续地回报社会，推动行业发展，振兴民族经济，为社会创造更大的价值。

实体经济是中国经济的立身之本，是中国发展的根基。实业也是万丰构筑百年企业的根本。万丰集团坚持把主业做强做优，把主业做成"参天大树"。从零部件起家到集团公司上市，从国内资本运营到跨国并购，万丰集团坚持做强主业，在铝轮毂以及镁合金新材料等产业已达到世界一流水平，在智能机器人、新能源以及航空工业领域实现了国内领先。

匠心卓越，"质"造万丰。在令人钦佩甚至惊诧的"万丰速度"中，体现的是万丰人坚守主业和实业的初心、优化技术和资源的决心、输出文化和价值观的信心。这是浙江区域经济在新常态、新方位下迈上新台阶的内在逻辑，也是万丰集团不断发展壮大的经营智慧。

参考文献

[1]　吴慧.商业史话[M].北京：社会科学文献出版社，2011.

[2]　王国平.杭州运河历史研究[M].杭州：杭州出版社，2006.

[3]　王心喜.杭州运河集市[M].杭州：杭州出版社，2013.

[4]　吕福新.浙商的崛起与挑战——改革开放30年[M].北京：中国发展出版社，2009.

[5]　张宝忠，俞溶，陈君.中华商文化[M].杭州：浙江大学出版社，2018.

[6]　伍鹏.浙江海上丝绸之路文化[M].北京：经济科学出版社，2016.

[7]　李刚，梁丽莎.大话浙商[M].西安：陕西人民出版社，2008.

[8]　王婉芳.中国商贸与文化传承[M].北京：中国人民大学出版社，2015.

[9]　吴思，朱斯佳.可怕的浙商[M].北京：现代出版社，2015.

[10]　欧阳逸飞.中国商道[M].北京：中国华侨出版社，2011.

[11]　陈学文.龙游商帮研究——近世中国著名商帮之一[M].杭州：杭州出版社，2004.

[12]　庄丹华.宁波商帮文化教程[M].北京：北京理工大学出版社，2016.

[13]　戎彦.浙江老字号[M].杭州：浙江大学出版社，2011.

[14]　杨轶清.最美浙商故事[M].杭州：浙江少年儿童出版社，2016.

[15]　胡祖光，叶建华，吕福新.浙商模式创新经典案例：2011—2012版[M].杭州：浙江人民出版社，2013.

[16] 王翔. 话说浙商 [M]. 北京：中华工商联合出版社，2008.

[17] 毛祖棠. 百年浙商 [M]. 贵阳：贵州人民出版社，2012.

[18] 林树建，林旻. 宁波商帮 [M]. 合肥：黄山书社，2007.

[19] 张守广. 宁波商帮史 [M]. 宁波：宁波出版社，2012.

[20] 闻欣颖. 以小搏天下：浙商为什么成为最会赚钱的商帮 [M]. 武汉：华中科学大学出版社，2012.

[21] 黄永军. 浙江商道 [M]. 北京：中国戏剧出版社，2007.

[22] 荆娴，姚光辉. 宁波企业的文化引领 [M]. 杭州：浙江大学出版社，2007.

[23] 张燕. 马云：我的世界永不言败 [M]. 杭州：浙江人民出版社，2017.

[24] 陈婕. 宗庆后：质量与诚信是娃哈哈品牌之道 [N]. 钱江晚报，2019-05-12.

[25] 兰建平. 从"老四千精神"到"新四千精神" [J]. 今日浙江，2009（7）.

[26] 方杰. 越国的商业 [J]. 浙江社会科学，1995（1）.

[27] 陈刚. 都锦生的传承与创新 [J]. 清华管理评论，2014（9）.

[28] 周常宝. 万向集团的国际化扩张之路 [J]. 企业管理，2016（4）.

[29] 孙继亮. 试论"宁波商帮"的崛起及其发展 [J]. 经济研究参考，2012（1）.

[30] 张锐. 鲁冠球"弯道超车"的胆识与智慧 [N]. 上海证券报，2017-11-01（11）.

[31] 李如艳. 王水福：战斗力来自一次次"回归零"的能力 [N]. 每日商报，2018-10-17（8）.

[32] 余列平，李培洋. 诚信浙商掌故 [DB/OL]. 浙江在线·浙江新闻，2014-08-07.

[33] 黄晓宇. 浙商生意经 [M]. 北京：时事出版社，2014.

[34] 周锡冰. 浙商教你成功创业 [M]. 北京：中国纺织出版社，2015.

[35] 肖艳艳. 浙商宣言 [N]. 浙江日报，2017-11-30（5）.

[36] 鲍坤子. 民企力量 浙商担当 [N]. 中华工商时报，2020-03-31（8）.